QIYE CHENGZHANGLI SHUJIA
企业成长力书架

管理者

自我修炼

周子人◎著

中国财富出版社

图书在版编目（CIP）数据

管理者自我修炼/周子人著 . —北京：中国财富出版社，2014.9
（企业成长力书架）
ISBN 978 - 7 - 5047 - 5329 - 8

Ⅰ . ①管…　Ⅱ . ①周…　Ⅲ . ①企业领导学　Ⅳ . ①F272. 91

中国版本图书馆 CIP 数据核字（2014）第 179800 号

策划编辑　范虹轶	**责任印制**　方朋远
责任编辑　苏佳斌　姜莉君	**责任校对**　杨小静

出版发行　中国财富出版社	
社　　址　北京市丰台区南四环西路 188 号 5 区 20 楼　**邮政编码**　100070	
电　　话　010 - 52227568（发行部）	010 - 52227588 转 307（总编室）
010 - 68589540（读者服务部）	010 - 52227588 转 305（质检部）
网　　址　http：//www. cfpress. com. cn	
经　　销　新华书店	
印　　刷　北京京都六环印刷厂	
书　　号　ISBN 978 - 7 - 5047 - 5329 - 8/F · 2199	
开　　本　710mm×1000mm　1/16	**版　　次**　2014 年 9 月第 1 版
印　　张　13. 75	**印　　次**　2014 年 9 月第 1 次印刷
字　　数　197 千字	**定　　价**　35. 00 元

前　言

谁抢走了你的领导力

作为管理者，怎样才能让下属的员工认同自己的管理理念？又怎样才能让自己的管理决策落实到每一位员工的身上？最重要的就是管理者要有自己的领导力。领导力体现在管理者工作的方方面面，管理者要从细节抓起，处处体现出自己的领导力。

对于管理者而言，其工作不仅仅是管理员工，还要从很多方面进行管理。管理者的管理工作大致可分成管理者对自己、对员工、对团队和对事情这四个方面。把每一个方面都做好，才能做一个成功的管理者，才能体现出自己的领导力。

管理才能并不是天生的，需要不断地在工作中磨炼。经过对卓越管理者的研究发现，无论是史蒂夫·乔布斯、比尔·盖茨，还是李嘉诚、马云，都是经过不断地修炼自己，才成为卓越的管理者。所以，管理者没有必要为自己管理才能的欠缺而沮丧懊恼，而是应该不断地在工作中积累、在工作中观察，才能渐渐培养出自己的领导力。

有的管理者在团队绩效不好或者管理不力的情况下会抱怨自己的员工不服从管理，或者其他种种客观原因。然而，事实证明，很多情况下，优秀的管理者可以驾驭任何的员工。因此，管理者还是应该从自身出发，找出自己的不足之处，不断修炼自己，提升自己的领导力。

通过研究我们会发现，无论是比尔·盖茨、乔布斯，还是李嘉诚，都是通过展现自己的领导力才成为一个杰出管理者的。而领导力的核心是对人的管理。所以管理者不管是从事哪行哪业的管理，都要遵循以人为本的管理理念。

既然是对人的管理，管理者就应该有一个管理人的顺序。

首先，管理者应该做的就是对自己的管理，把自己定位在一个合适的位置，在自己的位置上做应该做的事情。

其次，才应该是对员工的管理。对员工的管理最重要的是要和员工建立起一种信任，信任是任何人际关系得以存在的条件。管理者只有和员工之间互相信任，才能够和员工之间互相沟通，了解员工们的心理需求，从而制定自己的管理方式。员工也只有在获得管理者信任的情况下才会全身心地投入工作。

通用汽车副总裁马克·赫根（Mark Hogan）对领导者的描述是这样的："记住，是人使事情发生，世界上最好的计划，如果没有人去执行，那它就没有任何意义。我努力让最聪明、最有创造性的人们在我周围。我的目标是永远为那些最优秀、最有天赋的人们创造他们想要的工作环境。如果你尊敬人们并且永远保持你的诺言，你将会成为一个领导者，不论你在公司的位置高低。"这是对管理者的领导力最好的诠释，也是管理者进行管理的最终目的。

管理者在企业中扮演着很多角色，不过，无论哪种角色，都是为了让企业健康地、和谐地、快速地发展。而领导力，又是管理者管理魅力的一种很集中的体现，所以，管理者只有体现出自己的领导力，才能体现出自己的价值，企业才能够乘风破浪，驶向成功的彼岸！

作　者

2014 年 5 月

目 录

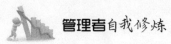

第一章

自我定位：
你是一个怎样的管理者

传统的观点认为，管理者是运用自身所拥有的职位、权力，对人进行指挥和驾驭的人。事实上，管理者必须通过其职位，运用专业知识，在组织中监督和指导他人工作，能够实质性地影响该组织的经营及达成成果。从实际意义上来说，管理者对自身的定位首先应该是对组织负责，而不是权力！

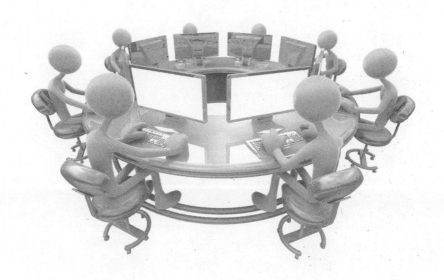

企业家 OR 经理人

提到"企业家"和"经理人"，很多人都认为企业家就是创业家，而经理人就是给别人打工的人，这种观点正确吗？

美国管理学家彼得·德鲁克认为，企业家是革新者，是勇于承担风险、有目的地寻找革新源泉、善于捕捉变化并把变化作为可供开发利用的机会的人。从这个意义上来说，企业家对企业的贡献主要体现在其出色的战略眼光以及勇于开拓的精神上。由此，我们可以认为企业家是担负着对土地、资本、劳动力等生产要素进行有效组织和管理，富有冒险和创新精神的高级管理人才。

职业经理人一般被认为是将经营管理工作作为长期职业，具备一定的职业素质和职业能力，并掌握企业经营权的人。他们和企业家最大的不同点在于他们主要是靠其能力和业绩生存，而企业家主要是靠其资本和眼光生存。职业经理人作为企业专业的管理人才，不仅要具备良好的职业道德和职业素养，还必须运用所掌握的企业经营管理知识以及所具备的经营管理企业的综合领导能力和丰富的实践经验，做好企业管理，做出业绩。

我们可以说，企业家不仅仅是创业家，还是富有冒险和创新精神的高级管理者；而经理人也不仅仅是打工者，同时还是具备专业知识、能力和职业素养的企业管理者。同样作为企业的管理者，企业家和经理人有不同的分工，也有不同的管理特点，对企业经营管理的影响也大不相同。

案例一：

在经济不景气的年代，工人们最怕的就是失业。为了保住自己的工作，员工们都很害怕生病，因为害怕老板知道了会辞退自己。比尔·阿诺斯是摩托罗拉公司的一个采购员，他的牙痛非常严重，已经到了无法继续工作的地步。让阿诺斯担心的是，他的病被摩托罗拉的总裁保罗·高尔文知道了。

高尔文看到阿诺斯痛苦不堪的样子，心疼地说："你马上去看病，不要想工作的事，你的事我来想好了。"

阿诺斯去做了手术，但是他没有看到账单。他知道是高尔文替他付了账，他多次向高尔文询问，高尔文却只是重复："我会让你知道的。"

阿诺斯的手术很成功，他认为那笔手术费肯定很高。于是，康复后，他工作得十分勤奋，以此来报答高尔文的帮助。几年后，阿诺斯的生活已经有了极大的改善，他又找到了高尔文，要偿还那笔手术费。

"你不必这么在乎这件事，忘了它吧，好好干！"

其实那次的手术费只有200美元。

案例二：

王玮是一家物业公司的总经理，多年来，他在加强和改善物业的管理工作中，始终坚持吃苦在前、享乐在后的精神，爱岗敬业、任劳任怨，员工和业主都称他是一个"爱事业、能干事、干实事、可信赖的好领导"。

作为总经理，2008年多地出现雪灾，气温降到－10℃。有一天晚上10点供暖设备发生故障，接到值班人员电话后，王玮立即赶到现场，组织人员抢修。凌晨3点，开阀送气，业主们的房间又重新暖和起来了，而此时，王玮同志和工作人员已很疲惫了，他们在车上简单睡了几小时后，又开始了新的工作。王玮用他满腔的工作热情和对工作负责的态度感染着身边每一个人，员工们都以他为榜样，积极工作。

保罗·高尔文这次关心下属的行为是一次很好的管理行为。他并没有用慷慨激昂的演说或者毫无保证的承诺去试图使下属愿意跟随自己，而是用感情的关怀使员工能够跟随自己。这种感情的关怀比那些演说和承诺更能够打动人，也更有说服力。同时，他的企业家魅力也得到了很完美的体现，谁不愿意在这样一个管理者手下工作呢？高尔文为阿诺斯支付的200美元手术费已经让阿诺斯创造了无数个200美元作为回报了。可以说，这种感情的投入已经换来了实质的收益。而王玮作为经理人对企业最大的贡献则是身体力行地用其敬业精神和职业操守为员工树立了榜样，创造了对工作认真负责的团队文化。

在实际工作中，有些企业家认为自己是老板，可以一个人说了算，不需要依靠团队的力量；还有些企业家则认为公司只要有钱赚就好，创新等有钱了再说……正是这些错误的想法使越来越多的企业家失去了管理者的能力和魅力，同时也失去了对企业的掌控。企业家要想成为企业真正优秀的管理者，必须端正自己的态度，以谦虚的姿态面对市场和团队，用自己独特的领导者魅力和创新、冒险的企业家精神征服未来！

而有些经理人则认为自己只是一个打工者，抱着"今朝有酒今朝醉，明日没酒喝凉水"的心态，对企业和工作缺乏自动自发的主动进取精神，缺乏责任意识，缺乏自我挑战和自我超越意识，不敢突破自我，不敢挑战极限与大胆创新。最终一辈子也只能是一个打工者，而无法成为卓越的管理者，实现自身的价值。经理人只有像王玮那样以"老板"的心态要求自己对企业和工作负责，才能成为企业真正需要的人才。

彼得·德鲁克认为："所谓公司的核心竞争力，就是指能做别人根本不能做的事，能在逆境中求得生存和发展，能将市场、客户的价值与制造商、供应商融为一体的特殊能力。"任何一家企业要想拥有这种特殊能力，仅仅依靠企业家的冒险与创新精神，或者仅仅依靠经理人的专业知识和职业操守，都不可能实现。只有当企业家在创新中不断学习专业知识，经理人在做好本职工作之外以企业家的精神要求自己主动创新，寻找企业发展的机会，企业才能真正获得良好的发展。

无论你是企业家还是经理人，都必须加强自身管理技巧及领导艺术的修炼，才能真正提升自我价值，促进企业和个人的发展。

管理者 OR 业务能手

在现代企业中，管理者通常都会犯一个错误：把自己当成业务能手，事无巨细，亲力亲为。自己把所有的事情都解决了，可这样做的结果是，管理者太忙，业务能手却无事可做，任务目标也没有完成。管理者不做好统领全局的任务，又怎么能成功呢？

美国著名的经济管理学家罗伯特·卡茨认为：管理者，是具有一定管理技能，可以直接或间接地监督和指导其他人工作，从而影响该团队或部门达成成果的能力者，管理者多是通过别人来完成工作，他们所要做的只是要做出正确的目标规划和决策，优化合理分配工作资源，使员工能顺利完成组织目标即可。管理者的主要工作是，运用自己的管理技能，指导别人更好地完成工作。管理者就像一只引导羊群前进的牧羊犬，在它的管理下，身后的羊群才能走最好的前进路线。

而业务能手，顾名思义，是具备优良的思想品德和职业道德，并且能够掌握与其工作相关的业务能力，能够优质或超额完成上级下达的任务，并且创造良好的经济效益的员工。他们在接受组织下达的任务目标后，凭借自己的工作经验和能力完成该项目标。业务能手更像羊群中的领头羊，因为经验丰富和有能力，被安排在羊群的最前面，作为榜样。

正如新西兰著名企业家慕尔杜恩所说："管理者本身并不需要是位专家，但是他必须能将顾问和专家人员作出的意见和行动进行总结，然后撷取其中的精华。"由此可见，一个管理者不一定是一个优秀的业务能手，但是一个优秀的管理者肯定能管理好团队内的业务能手。这就是企业中业务能手与管理者的不同之处，管理者不一定有业务能手那样的实际业务工作能力，但是具有业务能手所不具备的才能，比如管理和总领大局的能力。但是两者相同的是，都需要具备与其职位相关的才能，业务能手要有出色的业绩，而管理者需要出色的管理和领导能力。两者在企业中的分工不同，所起到的作用不同，最终给企业带来的效益也就不同。

老李是一家企业的员工，工作兢兢业业，之前公司一次人事调动倒是让他很郁闷，由于部门副经理要被调去外地学习，这个职位便空出来了，论资历，论业绩，这个职位老李都十拿九稳。可是最后的结果却让人大跌眼镜，这个职位最终被进公司刚满三年的"新"员工小张得到了。老李工作卖命在公司是出了名的，为了完成业绩，加班加点是家常便饭，工作业绩总是很突出，被公认为是公司的业务能手，反观小张，进企业三年了，业绩也就平平常常。

原来，老李虽然是公司公认的业务能手，但是只是他自己的业绩和业务做得好，他所在部门总的业绩却很平常，老李仗着自己是老员工，时不时还批评自己部门的人，说他们拖了自己后腿，与其一组的其他员工背后自然也对他意见很大。而小张，业绩平常，人比较温和，与人相处很好，有较强的管理和领导能力，是所在部门几个分组中的一个组长，每次上面交代任务的时候，小张总是先制订大致的行动方案，再根据每个人实际情况分配业绩任务，在小张的带领下，他们这个小组每次都能优先完成任务，在选举的时候，小张凭借出色的管理领导才能，得到了部门副经理这个职位。

全国十大杰出青年岗位能手、现中国石化中原油田分公司总工程师曾大乾说："一定要把自己的作用和利益想得小一点，这个是团体事业。"老李之所以做了这么多年业务能手，却始终无法坐到管理者这个位置，是因为老李没能认识到，要成为管理者，光有业务成绩是不够的，还要有小张那样的领导和管理能力，要考虑到整个团队的业绩。像老李这样只知道将自己的业务工作按时按量地完成的业务能手，是企业中最普遍存在的员工，就像是领头羊一样，为了能够在羊群竞争中获得威望和利益，便拼命展现自己的个人能力，却不管其他羊的死活。最后，固然你能够成为业务上的能手，得到领头羊的位置，获得些许的称赞和利益，但也仅此而已了。很多管理者之前都是基层员工，他们之所以能够突破业务能手获得管理的权力，是他们能从根本上认识到业务能手与他们之间最大的区别：一个是只顾着自己的业绩和能力的展现，一个是能够串联别人的活动，从而达成目标。如果不能认识到这一点，即使明明业绩很好，有很好的业务能力，却也得不到重用。

牧羊犬本身是狗，不是羊。羊群在奔走过程中走得慢了，要督促；走的方向错了，要停下来纠正；队形乱了，要及时发现。管理者也是如此，在团队工作过程中，起领导作用，合理规划要走的路线、要完成的目标，在过程中还要加以监视。领头羊本身就是羊，只是有着丰富的经验，能够给年轻的小羊引领正确的道路，做一个榜样，就像一个优秀的业务能手一样。总的来说，牧羊犬是以管理为主的，而领头羊大部分是自己干自己的。

在企业中，管理者和业务能手的关系，就像牧羊犬与领头羊的关系一样，管理者能很好地管理好整个羊群，而领头羊只是用他突出的业绩表现，为其他小羊做个榜样。每个人刚进企业时候，都像一只小羊，在慢慢积累经验后，先努力成为企业的领头羊，最后当了牧羊犬，成为一个优秀的管理者。

专才 OR 全才

现在社会，企业是需要全才，还是专才，这是一个值得思考的问题。而管理者作为在企业中举足轻重的角色，更应该对这个问题思考一番。清楚地认识自己，准确地定位自己是全才还是专才，对企业的运营和自己以后的发展都至关重要。

我们要先认识什么是专才，什么是全才。所谓专才，就是指某个领域，学识、能力、技艺等都达到很高程度的人才。而全才则是一种复合型人才，是指在很多领域都有一定的学识、认识和技巧。两者各有各的好处，但是也各有各的不足。专才管理者如果遇到自己拿手的领域中的问题，可以游刃有余地解决。但是，在企业的运营中，各种情况都有可能发生，如果遇见了自己拿手的领域之外的问题呢？专才管理者可能就束手无策了；而全才管理者的情况则正好相反，他们可以应对工作中的一些比较常见的各种情况，然而遇到某一领域的"高、精、尖"的问题，全才管理者们有可能就解决不了了。

管理者是企业的一部分，要想在企业里长期地生存下去，需要的是适应能力、应付各种情况的能力和管理能力。其中的"应付各种情况的能力"很重要，而实际工作中各种突发状况并不是我们能预料到的，这些情况既有可能是某个领域的"高、精、尖"的问题，也有可能是其他领域的问题。怎样能准确、快速、高效率地解决这些突发状况呢？最好的办法就是不断地锻炼自己，使自己成为一个既是专才又是全才的管理者。只有这样，才能应对工作中出现的各种情况，才能在企业中长久地生存下去，才能成为一名优秀的管理者。

雷军，小米科技的创始人、董事长兼 CEO，同时也是金山软件的董事长。可是在大学刚毕业的时候，他却是靠写一些加密软件、防毒软件、CADC（计算机辅助设计）小工具生活，最困难的时候他甚至做过黑客。他和两个大学同学创办的三色公司运营惨淡，最后以解散告终。

后来，他加入了金山软件股份有限公司，靠着自己以前积累的经验打拼，最后，不仅金山成为了中国互联网行业的大鳄，他也成为了金山的总经理。

2010 年，雷军又和其他人一起创办了小米科技，并用在中国前所未有的网络直销的营销模式销售他的小米手机。事实证明，雷军的决定是正确的，小米手机获得了前所未有的成功，到了 2013 年，小米的估值竟超过了 100 亿美元。

从案例可以看出，雷军在刚刚大学毕业的时候，只是一个会编程和写软件的专才。后来，他经过创办了小米科技后，用新的网络营销模式去运营，才真正获得了成功。试想，如果只是执着于写软件，没有创办小米科技，他可能只会淹没在当时茫茫的互联网大潮之中，根本就不可能取得如此巨大的成就。

诚然，现在看来，雷军已经是一个全才了，他对编程、营销、对市场的把握都很擅长。然而，他却是凭借着小米手机的生产和营销方式才获得了巨大的成功。他巧妙地把自己编程、写软件方面的专才和对网络销售、对市场敏感的嗅觉的全才有机地结合起来，才成为中国当前最有前途的 IT 精英。这不仅对他个人，对小米科技，甚至对中国整个的手机市场都具有非凡的意义。

作为管理者，我们当然可以把雷军的成功复制到自己的身上。先凭借自己的专业知识成为一名专才管理者，有了一定的立足之地，再通过在日常的工作中完善自己，不断扩充自己的阅历和经验，使自己成为能应付在工作中遇到的任何挑战的集专才和全才于一身的优秀的管理者。

我们不可能像雷军一样遭遇到"三色公司解散"这样重大的变故而发生如此巨大的蜕变，但是我们在实际的工作中是免不了受到一些小的挫折的，我们可以从这些小挫折中吸取和积累经验，学习我们所不会的东西，与我们已经掌握的知识融会贯通，成为一个全才的管理者。这样既能在自己原来的领域里解决一些"高、精、尖"的问题，又能解答一些普通的问题，工作起来就会变得游刃有余，得心应手。

"专才 or 全才"不如"专才 and 全才"，这种理论不仅适用于雷军，很多成功的管理者都是通过这种模式走上成功之路的。格力的董明珠之前只是一个营销方面的专才，后来经过努力学习成为了营销、市场和财务方面的专才和全才结合的管理者；HTC 的王雪红开始也只是一个经济学的专才，后来经过不断积累经验，最终成为了一个集专才和全才于一身的被誉为"经营之神"的成功的管理者。这样的例子不胜枚举。

作为一名管理者，必须不断地完善自己，绝不能仅限于所谓"专才"或者"全才"，而是要在某个领域做到很好、很深的同时又懂得利用自身的优势不断吸收，对其他的知识也有所了解的情况下，才能真正提升自己的价值，促进企业的发展。

王道 OR 霸道

王道和霸道最早是说在春秋战国时期，以齐国管仲为首的王道和以秦国商鞅为首的霸道都曾经称霸。其中王道讲究的是以德服人、以人为本。司马迁说过，齐国不以武力取胜，却能九合诸侯，一匡天下。这就是王道的表现。顾名思义，霸道则主要是指以权力和武力来达到自己的目的。

齐国一直崇尚王道，虽然在春秋战国时期一直处于霸主的地位，但是最终却避免不了被崇尚霸道的秦国灭亡的命运。而反观秦国，虽然统一了六国，用武力成就了霸业，但是秦国在建立之后却很快就遭到前有陈胜吴广、后有刘邦项羽的起义反抗，导致了秦朝的灭亡。所以，历史告诉我们，一味地追求王道或者霸道都是不可取的。

在管理者的日常工作中，总有一些时候不知道对被管理者是应该宽容一些还是严厉一些。若是宽容一些，担心被管理者认为自己好欺负，就会不服从管理；而若是对他们严厉一些，又有些担心打击被管理者的工作积极性，造成他们心理压力大而工作效率低下。所以只有在王道和霸道之间建立一个平衡点，才能成就一番事业，才能提高自己在被管理者心中的地位，才能有效地提高工作效率，才能在企业里有长久的发展。而怎样在"王道"和"霸道"中掌握一个适中的"度"，让被管理者既能很好地服从管理，又能不打击他们的工作积极性，树立起管理者在被管理者心中的权威，是让很多管理者都绞尽脑汁的问题。

这个在"王道"和"霸道"之间所掌握的"度"，其实也并不难找，就是我们所说的原则。而这个原则就是公司的规章制度、做人的基本道德修养等。这些原则在日常的工作生活中会发生一些变化。管理者能够做的就是：若是没有违反原则，我们就可以酌情对被管理者进行一些宽宏大量的处理；然而若是违反了管理者的原则，这时就要严格按照规定进行处理，绝不姑息。只有这样恩威并施，才能让被管理者心甘情愿地服从管理，对管理者心服口服。

大卫·斯特恩是美国篮球职业联赛（NBA）的前任总裁，在他担任总裁期间，NBA被推广到了世界各地，他培养出了迈克尔·乔丹、埃尔文·约翰逊、拉里·伯得等著名球星。

大卫·斯特恩能取得如此伟大的成就，与他优秀的管理才能息息相关。尤其是他对于球员张弛有度的管理方式最为人们所称道。

NBA 的 2006—2007 年赛季，大卫·斯特恩一方面发布了以"尊重比赛"为口号的"零容忍"政策，这项政策旨在让 NBA 球员更加循规蹈矩，有一丝发泄情绪的举动都会被判犯规，甚至有可能禁赛。另一方面，大卫·斯特恩却默认有些特权球员的存在，这些特权球员一般是联盟里的超级巨星，当他们犯一些错误的时候，当值裁判往往睁一只眼闭一只眼，不会轻易吹判犯规，而是让比赛顺利地进行下去。

案例中的大卫·斯特恩无疑是一个优秀的管理者，他在工作中的张弛有度和恩威并施使 NBA 获得了极大的成功。很显然，这位来自大洋彼岸的老者很懂得运用中国的"王道"和"霸道"。一方面，他用"霸道"（"零容忍"政策的实施）来让球员们不会犯浑作乱；另一方面，他又用"王道"（特权球员的存在）来笼络球迷的心，让比赛顺利地进行，不会因为裁判不停地吹罚而破坏比赛的流畅性，使比赛更加好看。

我们中国的管理者也可以向大卫·斯特恩学习权衡"王道"和"霸道"之间的技巧。自古以来，中国人都讲究"中庸"之道。在"王道"和"霸道"之中游走虽然比较困难，但是，只要把握好自己的原则，在自己日常的工作中留心观察，掌握好尺度，这一切其实也不算难事。想一想，连来自美国的大卫·斯特恩先生都能将"王道"与"霸道"的平衡把握得如此完美，难道我们来自"中庸"之道故乡的中国管理者会输给他吗？

美国国际农机商用公司董事长西洛斯·梅考克说过："管理是一种严肃的爱。"一句简单的话就道出了管理的真谛：管理，既要严肃，不能有丝毫的妥协；同时也要爱被管理者，让被管理者能感受到管理者对自己的尊重，对自己工作和生活的关心。

管理者如何去管理是一门学问，而对被管理者是"松"还是"紧"，也就是实行"王道"还是"霸道"，是其中很重要的一环。管理者还应该审时度势，该实行"王道"时候实行"王道"，该实行"霸道"的时候实行"霸道"。根据管理者自己的尺度和原则，再通过工作慢慢地积累管理经验，渐渐地掌握这门学问。

管理有时就像治水一样，"王道"是疏，"霸道"是堵，只有疏和堵结合，才能真正治好水。至于怎么疏，怎么堵，这取决于管理者对具体情况的分析和对不同情况所采取的不同措施的尺度。只要经过长期的工作，对具体工作的注意观察，每个管理者都一定能在"王道"和"霸道"之间找到自己的"中庸"之道，成为一名出色的管理者。

个 人 的 忙 碌 OR 团 队 的 绩 效

很多管理者会认为事必躬亲是一种美德，当遇到被管理者无法解决或者难以解决的问题的时候，就亲力亲为，亲自解决问题。但是，最后却发现，这样工作的效率其实并不高，效果也不明显，这就是任何事都事必躬亲而没有重视团队的力量而造成的副作用。

管理者并不是普通的员工，那些具体的工作应该让员工自己去完成。很多时候管理者认为事必躬亲的做法是一种负责的表现，其实，管理者负责的表现并不是去替员工完成工作，而是统筹和驾驭一个团队，考虑的应该是如何让他所管理的团队发挥出能量，以完成企业分配的各项工作任务。

如果所有事情都事必躬亲，会有很多害处。首先，这会阻碍员工的成长，什么事情都让管理者做完了，员工的成长必然会受到阻碍；其次，这会阻碍正常的管理流程，使管理过程个性化；再次，这也会影响自己的工作心情，经常会感觉很累，从而对自己的工作产生厌恶的情绪；最后，容易过于着眼于小处，忽略了大处。所以，管理者不能任何事都亲力亲为，而应该把眼光放远一点，把精力放到如何驾驭人才、统筹团队上来，让自己的团队能快速地有效地完成各项工作任务。

那么，在实际工作中要是遇到下属解决不了问题或者问题解决得不够好的情况时应该怎么办呢？管理者这时不应该直接就自己去解决遇到的问题，而是应该给自己的下属一些权力，让他们自己去找到问题的根源，然后独立地解决问题。这样做，既能使自己的下属更快地成长，增加自己与下属之间的信任，又不会过度地消耗自己的精力，同时也能高效地完成工作。岂不更好？

三国时期的诸葛亮就是什么事都亲力亲为，摆八卦阵，借东风，舌战群儒，甚至连战争用的木牛流马都要亲自动手制作。反观他最大的对手司马懿，只会指挥打仗。然而，结果却是只会指挥打仗的司马懿获得了胜利，事必躬亲、多才多艺的诸葛亮只能病死于五丈原，让后人唏嘘感叹。一个人的精力是有限的，如果什么事都亲力亲为，无论是谁都会累，而且最重要的是，所得到的结果还不一定能达到自己的预期。司马懿就只是做到了自己的本职工作——指挥，所以在与诸葛亮的对决中占到了上风，最终获得了胜利。

管理者在工作中一定要控制住自己事事都亲力亲为的冲动，让员工去独立地完成工作，而不能代替员工去完成工作。同时，管理者要在工作中慢慢学习驭众之道，让员工能在一定的程度上独立地完成工作，锻炼自己，使自己得到成长。然后，就此打造一支独立的、机动性很强的、高效率的团队，在管理者的统筹和策划下完成各种工作。

2007 年，香港复星集团在香港联交所上市，成功融资 128 亿港元，成为香港史上第六大首次公开募股（IPO）的公司。而复星集团的成功，就是董事长郭广昌善于统筹团队的结果。

复兴集团的创业团队被称为"复旦五虎"，因为包括董事长郭广昌在内的五人全是从复旦大学毕业的。郭广昌知人善任，他根据每个人的能力把另外四人都安排在了重要位置：遗传学毕业的梁信军和汪群斌被任命为复星集团的副董事长和CEO；遗传工程学毕业的范伟被任命为复星集团联席总裁；而复星集团的监事会主席一职郭广昌给了计算机系毕业的谈剑。于是，在合适的职位上，他们志同道合，能力互补，最终齐心协力使复星集团发展壮大。

从案例中我们可以看到，就是由于郭广昌对全局的统筹和合理的安排，才使复星集团取得就了巨大的成功。事实已经证明，郭广昌是一个很出色的领导者。他从整个集团的角度去思考问题，并没有自己一人事事亲为。事实上，从复旦大学哲学系毕业的郭广昌对一些遗传学的专业知识并不是很了解，但是他把梁信军、汪群斌、范伟和谈剑等专业人才安排到了重要职位上，这就能够让每个人都能在自己的领域中大展拳脚，结果肯定要比他一个人忙碌的效果要好得多。

管理者们也可以效仿郭广昌的做法，大可不必事事亲为，而是想办法统筹自己的团队。驭众和统筹是一门高深的学问，这需要在日常的生活中留心的观察和不断的积累。利用团队的力量去解决工作中所遇到的各种问题，肯定要比亲力亲为更加省力、更加高效。同时从长远的眼光来看，也能够使以后的工作得以更快速、更有效、更简捷地完成。

管理者应该给予下属们一些信任，要知道，自己代替员工做得太多，只会让团队变得很虚弱，很难真正成长起来。所谓领导力，就是自己不亲自做就能把事情办好的能力。管理者要提高领导力，就应该放开手，让下属们自己去做，给予他们做的权利，各司其职，优劣互补，独立完成工作。只有做到这些，管理者才会体现出自己的价值，创造自己的利益；企业才能获得长远的发展，才能在经济大潮中乘风破浪，永不沉没，平稳地驶向更远的地方。

第二章

自我塑造:
那些年，我们一起追的管理者

在很多时候，成功是可以复制的，卓越的管理者的经历中总有值得学习的部分。从很多成功的管理者身上都能看到自我塑造的存在，可见自我塑造的重要性。要做一个成功的管理者，首先要做的就是自我管理。

李嘉诚：做好管理者的首要任务是自我管理

亚洲首富李嘉诚在 2005 年 6 月汕头大学举办的"与大师同行"的讲座中，说了这样一句话："做好管理者的首要任务是自我管理。"

自我管理，就是对自己进行认真的总结和认识，分析出自己擅长的和不擅长的。根据自己的性格、所在的处境和对自己的认识，给自己定下一个可以实现的目标和实现目标的计划。同时，也要不停地规范自己，严格要求自己，对自己的心理、行为、思想等进行规范和管理。自己管理自己，自己约束自己，通过对自己的规范和要求、积极的工作态度、对自己的激励和正确的心理暗示，从而实现自己定下的目标。管理者是一个团队的领导者，只有首先做好对自我的管理，规范自己的行为，拥有正确的价值取向，才有资格去管理员工，才能提高自己的领导力。那么，怎样进行自我管理呢？

1. 确定自己的短期目标并制订计划

斯大林说过："伟大的精力只是为了伟大的目的而产生的。"确定一个可以短期实现的目标是非常重要的。没有目标，管理者就像在黑暗的海洋中远航；只有确定了自己的目标，才能找到灯塔，才能有航行的方向。

李嘉诚的童年时期并不是幸福的。1940 年，为了躲避日本侵略者的压迫，14 岁的李嘉诚随全家迁往香港，不久后，父亲因病去世。由于家境的困难，再加上父亲的去世，作为家中长子的李嘉诚决定辍学，投身商界。当时，李嘉诚就给自己定下了一个可以实现的短期目标：挣够全家人足够存活的费用。就是在他这简单的目标和朴素的理念的指导下，在他 22 岁时，他成立了自己的工厂，这家工厂成为了他事业的起点。李嘉诚就是通过自我管理，根据自己的实际情况和处境，给自己定下了一个可以实现的目标，并为了这个目标而奋斗，最终，他成功了。

管理者也应该根据自己所处的处境，给自己定下一个可以短期实现的目标。定好目标后，制订一个实现目标的计划，再根据计划一步步地向目标迈进。这样，管理者们在工作中就会发现自己每天都会有事情可做，而且要做的事情都井井有条，工作非常有效率。而管理者的这种行为也会影响员工，员工们的日常工作也会更加积极。很快，管理者就能很轻松地实现目标，从而使自己的事业迈上一个新的台阶。

2. 对自己严格要求

作为身价一百多亿美元的富豪，很多人都认为李嘉诚肯定是过着纸醉金迷的奢侈生活。其实，不一定每个富豪都是如此，李嘉诚就是一个非常懂得自律的人，他一直过着低调、平常，甚至是有些简朴的生活。

李嘉诚至今仍然居住在他在1962年结婚之前购置的深水湾独立洋房。他有两个游艇，也用了好多年，绝对算不上豪华。他的衣着也通常不是名牌，而是样式老旧的黑色西装。他的手表也是一块用了很多年的普通手表。在公司，他每天都和普通的员工一样吃工作餐，在巡察工地时，他经常和工人们吃盒饭吃得津津有味。李嘉诚不吸烟，不喝酒，也极少跳舞。他唯一的比较高档的爱好就是偶尔打一打高尔夫球。

一个成功的管理者，一定要严格要求自己，无论是在工作中还是生活中。严格控制自己的言行，是自我管理的一个最重要的组成部分。李嘉诚在成为富豪之后，不仅没有沉迷于自己巨大的成功之中，反而更加严格要求自己，更加注意自己的言行。这种做法使员工们觉得他更亲切，更愿意为他工作。管理者也应该像李嘉诚一样，严格管理自己，自己要说的每一句话、要做的每一件事都认真考虑之后再说、再做。这样才会成为一个成功的管理者。

3. 经常反省自己

古人云："吾日三省吾身。"管理者也需要不时地反省自己的所作所为是否有不恰当的地方。然后再根据自己的反省结果进行改正和加强，使自己时刻都处在一种自律的状态中工作。另外还要尊重员工，主动与员工交流，让员工们能提出对自己的意见和建议，再根据员工的意见和建议进行自我反省，从而使自己的言行变得更加得当。

李嘉诚先生曾经说过："自我管理是一种静态管理，是培养理性力量的基本功，是人把知识和经验转化为能力的催化剂。"从这句话中我们知道，自我管理不仅是一个自我激励、自我完善的过程，更是一个体现自我价值、实现自我目标的过程。在这个过程中，我们可以更好地认识自己、反省自己，这对我们以后的管理工作会有很大的意义。同时也能培养出管理者自身良好的习惯，更有助于管理者把知识和经验运用到实际的工作中。

对于一个管理者来说，自我管理是作为一个管理者的前提，只有先管理好自己，才能把别人管理好。所以，管理者应该在自我管理的过程中逐渐完善自我，完成自己的既定目标，在工作中严格控制自己，不断地学习和积累工作经验，把每一件事都做好、做扎实，才能成为一个合格的管理者。

任正非：领袖必须抑制个人英雄情结

退伍军人任正非在自己43岁的时候，和几个志同道合的中年人凑够了2万元，创立了华为公司。谁也没有想到，这个诞生在旧厂房里的小公司，竟然能成为影响中国，甚至影响世界通信业的大企业。如今，作为一个大跨国公司的老总，任正非提出了自己的管理理念——"领袖必须抑制个人英雄情结"。

个人英雄情结，又称为个人英雄主义情结，就是亲自去做某件事情，渴望把某件事情做好，而使自己的能力、性格等得到他人的关注和赞同，这是一种很正常的行为。个人英雄情结是客观存在的，每个人都会有，在管理者的工作中就体现为遇到工作亲自去做，体现出自己出色的工作能力和专业知识。有时候，由于个人英雄情结的作用，一些管理者甚至能在工作中发挥出自己最大的能力。

然而，个人英雄情结也有弊端。那就是往往过于追求个性，追求自己工作能力的突出而忽略了整个团队的工作力量。所以，个人英雄情结在有些时候并不能给企业带来正确的方向和正面的作用。

每一个团队中都需要有人体现出个人英雄情结，这样才能激励员工，提高员工的工作积极性。这个人可以是一个业务能手，但是，他不一定就是管理者。

三国时期，是个人英雄情结特别突出的一个时期。无论是蜀国赵子龙单骑救主、关云长单刀赴会，还是魏国张辽大闹逍遥津，都体现出非常明显的个人英雄情结。但是，我们要注意的是，这些突出表现个人英雄情结的大将们始终不是管理者。如果把他们比喻成现在企业中的工作关系，他们只能是一个团队中的业务能手，他们的管理者是刘备和曹操。但是我们却发现，他们的管理者刘备、曹操却鲜有个人英雄情结的突出表现。

管理者作为一个团队的领导者，必须具备一定的领导力。而所谓领导力就是用来影响别人，让别人心甘情愿地为企业做事的能力。也就是说，管理者要做的是用自己的领导力去影响员工们，使他们自己工作，而不是亲自去做工作以突出表现自己，使自己的个人英雄情结泛滥。作为管理者，必须抑制自己的个人英雄情结。

拥有个人英雄情结并不是坏事，一个人只有有充分的能力和自信才能有个人英雄情结。然而，管理者不是业务能手，而是一个团队的领袖，他要做的不是去代替员工完成工作，而是给整个团队指明一个正确的方向，让整个团队能够高效、高能地完成各项工作。任正非就是始终贯彻"领袖必须抑制个人英雄情结"的原则，用自己的管理才华影响员工们，让员工们都心甘情愿地工作，才使华为成为了世界 500 强企业之一。

1992 年，创办初期的华为公司在任正非的带领下准备孤注一掷研发 C&C08 交换机。虽然在参军时任正非是军队里的技术骨干，有过多次的技术突破，但是，C&C08 交换机毕竟是民用的，研发起来有很多难以突破的技术障碍。于是，他没有亲自去做，而是大胆起用了年轻的李一男负责研发。李一男是毕业于华中科技大学的高材生，刚到华为就受到任正非的喜爱和器重。李一男不孚众望，很快就在研究交换机方面有了很大起色。最终，经过李一男的努力，他带领着他的研发团队研发出了高性能的 C&C08 交换机，它的性能与国外的同类机器类似，但是价格却低了近 2/3。这让华为在同类产品中非常具有竞争力，这一技术也成为了华为的技术基础，成为了华为此后傲视同行的一大资本。

任正非抑制住了自己的个人英雄情结，没有亲自去做交换机的研发工作，而是提拔了年轻的技术天才李一男。李一男也深知任正非对自己的信任，再加上自己本身就有这方面的技术，于是，华为成功了，任正非成功了。反之，如果任正非没有起用李一男，亲自去研发交换机，每个技术细节都亲自处理的话，他会浪费大量的时间和精力。这是当时处于创立初期的华为所承受不起的。

管理者在工作中，是否能做到像任正非一样，敢于放手，抑制自己的个人英雄情结，让更适合的人去做呢？这需要管理者自身的魄力和对员工的了解，同时也需要管理者注重整个团队的力量。如果只顾自己去做，固然能体现出自己的能力和技巧，但是一个人的力量终究是有限的，事事亲为就会造成工作效率低下。只有通过自己的管理，统筹整个团队，使整个团队都能够很好地投入到工作中，才能高速、有效地完成各项工作。

作为一个团队的管理者，他的工作是统筹整个团队，制订有效的工作计划，尽量发挥出集体的力量，而不是只顾自己的个人英雄情结，突出自己一个人。"抑制自己的个人英雄情结"，任正非做到了。其他管理者经过自己的不断观察和思索，也能做到。也只有这样，才能像任正非一样成为一个优秀的管理者。

俞敏洪：性格也是一种管理策略

一提起俞敏洪，大家脑海里总是浮现出一个温文尔雅、性格谦逊的知识分子形象。是的，和其他的大企业家相比，俞敏洪最大的特点就是"温柔"。也就是因为他性格温柔，使他在管理新东方的时候往往能收到意想不到的效果。

在新东方里，员工大多是知识层面较高的老师，他们看重的是自己作为知识分子的身份和尊严。作为管理者，同时也是知识分子，俞敏洪十分了解知识分子心里所需要的，他没有实行一种居高临下、唯我独尊式的管理，而是放下姿态，和员工们平等相处。员工们得到了他们所想要的尊重，会更加投身于他们的工作。在这当中，俞敏洪的性格起到了极大的作用，就是因为俞敏洪谦逊、平易近人的性格，才让他做出了这些举动。而这些举动也使新东方上上下下都被管理得井井有条，成为一个向上的、有竞争力的团队。

俞敏洪给其他管理者上了很好的一课。那就是利用自己随和、宽容的性格去影响员工，甚至鼓励员工在授课时拿自己开玩笑，让员工感觉到管理者的尊重和理解，从而将自己的精力都能放在工作中，实现自己的工作目标，体现自己的价值。

无论什么样的企业，管理者都应该养成能符合自己企业发展、能提高员工积极性的性格，只有这样，才能给员工带来好的影响。否则就不能很好地影响员工，还会造成员工工作积极性不高、工作效率低下。这其实是一种需要管理者去领悟的管理策略。每个管理者的性格不同，方法也不同，重要的是要找到自己的那个"温柔"点。然后顺着这个"温柔"的点深化下去，发挥出这个点。温柔的性格是任何强硬性格的天敌，就像再坚硬的岩石也经不起微风慢慢地风化一样。

新东方的元老之一王强这样形容俞敏洪："老俞的性格像芦苇一样柔韧。"这种柔韧的性格在新东方元老们发生争执的时候总是处在下风。这并不是俞敏洪口才不好，而是他的性格让他不愿去争论。俞敏洪知道，争论占了上风的不一定就是正确的。管理者在工作中肯定也会遇到各种不好的声音，这时管理者要做的并不是和他人争个高下，而是应该以宽容的性格去对待这些声音。这也是一种管理，因为这样一方面鼓励员工提出自己的建议，说不定就会有好的金点子，有利于工作效率的提升；另一方面，会让员工能感受到管理者的尊重，更加真心实意地为企业工作。

宽容是每个管理者都应该具有的性格，因为一个管理者没有宽容的性格，就会很容易给员工留下刚愎自用的印象。这肯定会给管理者的日常管理工作带来极坏的影响，使员工和管理者之间心存芥蒂，这样怎么能让员工放心工作，提高工作效率呢？

在新东方发展的历程中，有一次著名的"逼宫"事件。作为新东方创始人的徐小平和王强联合向俞敏洪提交辞呈，历数俞敏洪的种种不是和公司在运营中的种种弊端。最后这场"逼宫"以俞敏洪重掌新东方控制权而告终。作为这次"逼宫"的主要谋划人，徐小平和王强不仅没有遭到俞敏洪的记恨，反而让俞敏洪很担心。他担心的是这件事会影响徐小平和王强，使两人灰心。为了使王强留下，俞敏洪甚至许诺让出新东方的技术开发给王强负责。技术开发是新东方的支柱产业之一，可见俞敏洪的诚心。俞敏洪还动之以情，和王强谈起"新东方三驾马车"几十年的交情。最终王强被俞敏洪打动，冰释前嫌，重回新东方。

也许对于很多人来说，俞敏洪缺乏一些管理者应该有的魄力。然而，无法否认的是，俞敏洪这种温柔、宽容的性格使新东方的很多次危机都化险为夷。所以，从管理者的角度来说，他是合格的。"金无足赤，人无完人"，用人才之长，而不计较人才之短，新东方的这种企业文化也使它充满魅力，成为中国教育产业的巨人。

由新东方的这次"逼宫"事件可以看出，宽容、随和的性格是管理者应该具有的。这就要求管理者在工作中放低姿态，因为只有放低姿态，才能平等地对待所有的员工，平和地看待员工在工作中存在的种种问题；只有懂得用宽容的性格去看待员工，才能给予员工们正确的影响，促使他们完成自己的工作任务，体现出自己的价值；也只有这样，才能成为一名合格的管理者。

管理者作为管理人员需要有一个系统的头脑，用各种"手段"去感化员工，让员工认可自己的能力，而愿意去认真地完成工作。当然，这并不是能在短时间内完成的事情，需要管理者用自己的性格和时间去慢慢影响他们。俞敏洪用自己的谦逊、宽容和富有人情味的性格为新东方开辟了一条广阔的道路。管理者们也可以效仿他，通过所在的环境和条件，适当地展露出自己宽容和平易近人的性格，不要让自己的形象过于死板，从而使自己成为一个有魅力的管理者。

柳传志：康熙王朝九子夺嫡因不肯提早放权

现在，很多管理者都陷入到这样的难题中。一方面，想放权给部下，以使部下能及早成长起来，给企业提供更多的帮助；另一方面，又担心部下没有能力，造成工作不能很好地完成，从而导致工作效率低下。对于这个难题，联想集团创始人柳传志举了一个经典的例子——康熙王朝九子夺嫡因不肯提早放权。

康熙年间，由于太子二阿哥胤礽被康熙皇帝两立两废，储君之位一直空悬，导致康熙皇帝驾崩之后九个儿子争夺皇位，造成大清皇室一度非常动荡不安，直到四阿哥胤禛登基成为雍正皇帝，九子夺嫡的闹剧才算尘埃落定。而柳传志认为，之所以会发生这种九子夺嫡的混乱闹剧，是因为康熙皇帝不肯提早放权而造成的。倘若康熙皇帝当时提前放权给太子胤礽，让胤礽能尽早地接手一些朝政事务，太子也不会急于插手朝政，导致康熙皇帝龙颜大怒，废掉太子，使储君之位一直空悬，最后导致九子夺嫡。

那么，提早放权有什么意义呢？提早放权，可以尽早地让员工们接触到一些核心的工作，从而使员工们尽早地成长起来。这样既可以培养员工，使他们能处理一些核心的工作，减轻自己的工作负担，在有突发情况的时候员工也能够从容地面对；同时，提早放权，让员工们处理一些比较重要的工作，也能够让他们感受到管理者对自己的信任，拉近员工与管理者之间的距离，提高工作的效率。如果管理者不愿放权，就很容易会造成员工与管理者之间的不信任，甚至会产生误会；同时，员工们成长缓慢，管理者不得不亲自完成员工不能完成的工作，导致管理者常常感觉疲惫。

柳传志就深知提早放权的意义。2000 年，联想集团正处于全面发展互联网、逐渐深入信息服务领域的时期，柳传志把联想集团根据组织构架分成两个子公司：联想电脑公司和联想神州数码公司，分别由杨元庆和郭为掌管。之后柳传志把财权、人事权等决策权纷纷下放到了子公司。柳传志和集团执委会只负责企业的宏观方向、子公司最高管理层的人事任命和检查监督的工作。柳传志在放权之后，执掌联想电脑公司的杨元庆构思并实行了对行业巨头 IBM 的 PC 行业的收购，让联想集团正式迈入了国际化的道路，最终成为世界 500 强之一。这对柳传志是一次自我超越，也是联想的历史性的一次飞跃。可以看到，正是因为柳传志的这次果断的放权，让公司的分工更加清晰，事实也证明了柳传志是正确的。作为管理者，他的这次放权的管理方式也是值得其他的管理者借鉴的。

在联想集团，我们看到的是柳传志经过放权的管理模式获得了巨大的成功。其他的企业的管理者也可以一样，拿出自己的魄力，在管理中大胆、适当地放权给员工，让员工们独立自主地去完成一些重要的工作，让员工尽快地成长，才能让企业快速地发展，才能让自己成就事业。

柳传志非常明白自己的追求，也明白联想的定位和发展方向。他认为最初创业的老一辈已经适应不了这个行业的激烈的竞争，就必须实行权力的转移，所以联想把一个个才华横溢的年轻人推上了领导岗位。现在，联想中层干部中的年轻人占到了 80%，集团管理层平均年龄为 34 岁。柳传志这样评价自己："我现在还在总裁的位置上，是因为我和联想彼此需要，哪一天只是我需要联想而联想不需要我了，我就要退休。也许 5 年后我还会坐在主席台上，但是作报告的肯定不是我了。"

作为联想集团的主要创始人，看到联想这棵大树在自己的辛勤培育下渐渐地茁壮成长，到了该结果实的时候了，柳传志却把联想交给了年轻人，这是何等的魄力。但是，也正是因为柳传志的放权，联想始终是一个年轻的公司，没有产生其他的大企业所发生的中生代人才断代的现象。年轻的联想始终在行业里保持着很高的竞争力。柳传志也完成了一次自我超越，他清楚地知道联想需要什么，于是他很适时地根据联想的需求放权。柳传志聪明地从康熙死后九子夺嫡的闹剧中吸取教训，最后成为了一个优秀的管理者。

当然，管理者应该在管理中适当放权，培养新生的力量。但是也要注意，不能把权力全部都下放，一定要有一个度。柳传志在把权力下放的同时，也把公司的宏观方向、子公司高层的人事权和对公司的检查监督的权力保留了。如果把所有的权力都通通下放，会造成员工不知道如何运用这么大的权力而造成极坏的后果。管理者毕竟是一个团队的领导者，权力过度下放也会造成管理者本身威信的降低，使管理工作不好开展。

管理有时候就像放风筝，线收得太紧，风筝是飞不高的；线放得太多，则很难控制风筝。适时、适当地放权是管理者必备的一种管理技能，这也需要管理者能够掌握好放权的度。管理者通过在工作中不断积累经验，自然会找到一个平衡的点。这时，就能从容不迫地领导整个团队，成为一个优秀的管理者。

张瑞敏：世界上最无价的东西是人心

说起中国的白色家电，海尔是一个不能忽略的名字。如今海尔已经发展成为一家国际化的大公司，并成为世界白色家电第一品牌。而他们的首席执行官张瑞敏正是使海尔集团从青岛的一个濒临倒闭的冰箱厂发展到现在年营业额能达到 1600 多亿元的大公司的最大功臣。而张瑞敏究竟有什么魔力，能妙手回春，使海尔成为一家国际知名的大公司呢？在张瑞敏的一句话中也许能找到答案——"世界上最无价的东西是人心"。

很多管理者在工作中，往往只知道制订工作计划，硬性地让员工完成工作任务，而忽略了员工的内心活动。员工的内心活动往往能决定员工能否全身心地投入到工作中。古人云："得民心者得天下。"这里的"民心"和这里说的"人心"从某种角度来说是一样的。人的行为总是受到心理的控制的，只有抓住了"人心"，他们才会心甘情愿地为管理者做事。所以说"人心"是无价的。

海尔集团为了抓住人心，以"服务到永远"作为公司的精神，采取了很多让人称道的措施，这些措施使得海尔集团在海内外都获得了很好的声誉。正是因为海尔公司抓住了消费者的心，才会成为现在的家电第一品牌。在公司内部，张瑞敏也以"以人为本"的管理方式，使员工能在一个轻松、快乐的环境中工作，这样员工的工作积极性自然会得到提高。从中可以看到"人心"的重要性，抓住"人心"，才能真正抓住员工。

管理者如何才能让员工能很好地理解和执行管理者的决策呢？这就需要管理者能够很好地抓住员工的"心"。只有掌握了员工的心理，知道员工在想什么、想要什么，适当地满足员工的心理需求，才能让员工全身心地投入到工作中。管理者和员工之间就形成了一个很好的心与心的互动，也有利于管理者更好地和员工互相交流。

这里的"人心"不单单是指某一个员工的心理，也指整个团队的整体的心理。每个团队都有一个整体的心理需求，这也需要管理者去敏锐地观察和发现。抓住了这些心理需求，适当满足，这个团队的凝聚力就会增加，就能更高效地完成各项工作。

反之，一个管理者如果不能很好地抓住人心，就会造成我们不想看到的后果。管理者和员工之间存在不信任，毫无默契可言，又怎么能合作完成工作呢？员工们的心理需求没有得到满足，自然不愿意给企业工作，甚至会把这种无法满足需求的抱怨情绪带到工作中，传染给其他员工，造成工作效率低下，管理者与员工之间像是隔着厚厚的一堵墙。

1995年7月，在青岛市政府的支持下，海尔集团正式收购红星电器。在张瑞敏看来，红星电器属于"休克鱼"：企业的硬件很好，只是原来的企业思想和观念有问题，才导致了红星电器的停滞不前。海尔要以自己的企业文化去激活这条"休克鱼"。这是一次大规模的企业重组，青岛全市都极为关注，其成败扣人心弦。张瑞敏将海尔经过几十年发展形成的独特的管理思想和员工共同认可的价值观结合而成的海尔文化输入到红星电器，以此来统一企业思想，重塑企业灵魂，以无形资产去盘活有形资产。

张瑞敏还亲自到红星电器，推心置腹地向中层干部们讲述他的经营心得，灌输"关键的少数决定非关键的多数"这个"人的责任"的理念。很快，这位老总的勤勉形象和海尔的企业文化深入到了红星电器员工的心中。员工的生产积极性得到了极大的提高。由红星电器更名而成的海尔洗衣机有限公司成为了海尔拓展冰箱以外行业的一个重要跳板，红星电器起死回生。这个"海尔文化激活休克鱼"的案例也被收入了哈佛商学院的经典案例之中。

其实我们可以把红星电器和海尔做一个对比。红星电器就是因为缺乏自己的企业文化，没有凝聚力，没有抓住人心，才会停滞不前，最终被海尔并购。而反观海尔，通过张瑞敏敏锐的判断和不断的努力，最终获得了红星员工的信任和理解，使红星电器起死回生。同样的一批机器，同样的一批员工，在红星和在海尔的表现却大相径庭。不得不佩服张瑞敏的个人魅力和管理能力。

管理者首先应该从自身做起，降低自己的姿态，像张瑞敏那样和员工们及时进行沟通，找到工作中存在的不足和弊端。然后根据"以人为本"的理念进行改进和抉择。重要的是，要让员工能了解到管理者渴望交流和与员工和平相处的心情。一旦员工能了解到管理者的这种良苦用心，相处起来就会更加方便，管理者就能更加深得员工的"人心"，实际的管理工作就能进行得更加顺利、更加从容。

马云：好的企业管理者一定是个"好老师"

从某种意义上来说，一个企业可以比作一个学校，员工就是学校里的学生，而管理者就是老师的角色。一个优秀的企业管理者知道怎样管理好自己的员工，就像一个好的老师知道如何教导好自己的学生一样。阿里巴巴创始人马云在接受记者采访时就曾多次说过，好的企业领导者一定是个"好老师"。

阿里巴巴之所以能有今天的成绩，与马云的教师出身有密切的关系。马云曾经表示，自己在阿里巴巴并不是最出色的，但是一定是最乐意教人的。在阿里巴巴，与其说自己是个首席执行官，不如说是个"首席教育官"。马云甚至说："每位员工来公司的时候，第一堂课就是我为他们上的。"马云愿意把自己的经验和知识教给员工，授业解惑，让员工能得到知识，并在工作中加以应用。

企业里的员工，特别是资历较浅的员工在工作中肯定会遇到一些自己很难解决或者根本解决不了的问题。作为管理者，就需要做一名老师去教他们怎么去解决问题，这样，员工才能学会自己解决问题，等再出现类似的问题时，即使管理者并不在场，员工也能够很轻松地解决了。一个好老师不仅是要教学生一些必备的知识，还要因材施教，通过一些方法激发出学生的潜力。管理者当然也是一样，要看清楚员工的特点，用一些特定的管理方式去激发员工的潜力。然后员工才能以更大的能量去帮助企业。就像马云说的："每个人都有潜力：你信不信一百米跑 13 秒的你，如果后面是老虎在追你的时候，你一百米能跑出 11 秒。这就是潜能，是一个企业领导需要去挖掘的工作。""千里马常有，而伯乐不常有"，管理者就应该具备一双发现人才的慧眼，发现员工的潜力，然后挖掘出来，使他们能发出更大的能量。

马云在一次 IT 峰会上这样解释他所理解的"老板"两个字，老是指"老师"，板是指"规矩"。可见马云对于管理者和老师之间的联系有着独到的见解。马云曾经这样说过："我们公司就不欢迎职业经理人，而是欢迎老师式的领导。我觉得一个领袖和一个经理人之间的区别是：经理人眼光看出去是'这个人怎么样，这个人这个不好那个不好'；而领导看的是他的潜力：这个人这方面很好。如果让他发挥，就会非常不错。"管理者一定不能成为马云口中那所谓的"职业经理人"，只是凭感觉就只看到员工的缺点，很生硬地要求员工按照自己的说法来改正，而是要成为"老师式的领导"，通过与员工的沟通、对员工的细心栽培，使员工能成长为一个在行的员工，能解决问题的员工。

独具慧眼，发现学生的潜力，并对学生的潜力进行挖掘，是作为老师很重要的一点素质。同时，老师掌握自己的原则，也是很重要的一点素质。学生要的，就是老师应该做的。比如一节课 50 分钟，老师只讲了 45 分钟就下课了，学生们一定很开心；要是滔滔不绝讲了 65 分钟，学生就会觉得很反感。管理者也应该知道员工们想要什么，根据员工的心态进行授业解惑肯定要比不顾员工所想就拼命地灌输给员工要强得多。

阿里巴巴始终把"员工、客户"看作公司最不能忘记的两件事。马云提出了"把钱存在员工身上"的理念，就是要不停地培训出人才。马云不仅自己在阿里巴巴内部招募了员工近 1400 名，四年来在杭州不停地训练人马，还和杭州师范大学联合创立了阿里巴巴商学院，亲自去做老师给学生授课。马云曾经这样评价自己，平时，他爱去帮助别人，当老师的时候，跟其他老师一样，他希望自己的学生成为全校最好的学生，希望自己的学生在社会上真正有用，并超过自己。马云从福州回杭州的时候，阿里巴巴可能就有1400多名员工了。其中，马云认为起码有500～600人已超过了自己。

从马云的言语中我们可以看到马云对于做老师式的管理者的热衷。其实，老师与管理者从某些方面来说是一样的。马云以身作则，成为一个老师式的管理者，去无私地给自己的员工传授各种知识与技能，独具慧眼地发现一些员工的潜力来进行挖掘，提高他们的能力。除此之外，马云还把他这种"管理者即老师"的管理方式从上到下地传递下去，使阿里巴巴员工都成长得飞快，阿里巴巴也最终成为现在中国IT界除腾讯和百度以外的互联网三巨头之一。

对老师来说，他一生最大的财富就是学生；马云认为，一个企业最大的财富之一也是员工。员工是一个企业最重要的组成部分，员工成长的快慢直接影响到企业的前途和命运。管理者当然就有责任和义务去做一名"老师"去传授员工们经验和知识，挖掘员工的潜力，使员工尽快地成长起来。所以说，好的企业管理者，就一定是一个"好老师"。

马化腾：管理需要妥协和宽容

我们都知道，在人与人的相处中是需要妥协和宽容的。在企业中，员工和管理者之间的关系也是社会中人际关系的一种。所以，员工和管理者之间也同样需要妥协和宽容。而作为一个团队的领导者，管理者更应该在日常的工作和管理中体现出应有的妥协和宽容。就像马化腾在一封给合作伙伴的公开信中所说的那样："管理需要妥协和宽容。"

管理者在工作中给员工一些工作安排和工作计划，而员工依照这些安排和计划去实行是建立在与管理者相互信任基础之上的。而建立起管理者和员工之间的信任就需要管理者的妥协和宽容。任正非就曾提出过一种"灰度"的管理方式，讲究的是管理者对员工管理的尺度。这种管理方式被马化腾深刻地解读为管理者的妥协和宽容。这是一种试图通过改变与群体之间沟通的方式来实现管理好企业的目的。同时这种方式也是一种更加高效、更加人性化的管理方式。就是在马化腾的这一理念的指引之下，获得了信任的员工敢于不断尝试，才使腾讯能不断创新，成为一家非常具有创造能力的企业。

马化腾所说的妥协并不是对员工无限制的迁就，而是一种避免冲突，用更合适的方法去解决问题的方式。有一句英国谚语说："妥协，往往是个比打官司更明智的决定。"当然，有争论是好事，员工提出自己对工作的一些见解，可以帮助管理者更清楚地看到自己在工作上的不足和弊端。但是，管理者不妨用更适当、更温和的方式去与员工交流，避免无谓的争论，用更加和平的方式去解决问题。这样做不仅可以解决出现的问题，还能增进管理者与员工之间的信任。马化腾所说的"妥协"就蕴含着这一层意思。

而包容，就是在员工的工作出现纰漏或者某些工作做得达不到理想效果时给予员工一定的宽容，让员工找到自己的问题所在，以后尽量避免犯同样的错误。马化腾就能做到对员工的包容。在微信开发的时候，其实不止微信一个团队，还有其他的团队在研发手机通信软件。最后经过测试，微信受到了用户的青睐。但是，马化腾并没有对其他的研发团队进行谴责，而是继续鼓励那些研发团队，让他们能更加努力地投入到腾讯手机软件的研发上来。管理者能包容员工本身就是管理者领导力的体现。从员工的角度上来说，管理者的包容能体现出对员工的尊重和信任，员工更有动力为这样的管理者、这样的企业去工作。

可以看出，妥协和宽容都是管理者不可或缺的素质。妥协，可以让管理者和员工之间有更温和的相处环境；而宽容，可以鼓励员工在工作中有勇气尝试。这些对员工的态度都可以拉近管理者与员工之间的距离，增加管理者与员工之间的信任。

马化腾在开始创立腾讯的时候，和张志东、曾李青、许晨晔、陈一丹共同凑了50万元。其中，马化腾出了23.75万元，是腾讯最大的股东。但是，此后马化腾并没有把自己的股权最大化，而是只维持自己47.5%的股权。马化腾对这件事的解释是他不愿意某个人形成一种垄断、独裁的局面。他的宽容和妥协得到了其他四人的赞赏和理解。在之后的日子里，马化腾带领他们创造了庞大的QQ帝国，腾讯也成为了国内数一数二的IT巨头。当然，后来经过几次稀释，张志东等人在腾讯上市时所持的股份比例只有创业时的1/3，但即使这样，他们每个人的身价还是达到了数十亿元人民币，这是一个皆大欢喜的结局。

可以说，像马化腾这样通过自己的包容和对他人的妥协，选择性格不同、各有特长的人组成一个团队，并且还能在获得巨大的成功之后仍然能保持着长期的默契合作是极其罕见的。马化腾用自己的妥协和宽容给所有的管理者上了生动的一课。社会上几个创业者合作创立公司，艰苦合作之后公司做大，之后为了利益划分而使公司停滞不前甚至土崩瓦解的例子不胜枚举。而腾讯却因为马化腾妥协和宽容的管理理念而没有出现这种糟糕的局面，反而越做越大，越做越红火，实在非常难得。

严格来说，妥协和宽容是优秀管理者所应具备的性格。性格是后天养成的，绝对不是先天就有的。所以，管理者应该在工作中学着去培养这种性格。首先，应该把自己的心态放得更加平和，主动地去和员工沟通，明白员工心中所想。当听到不同的声音时，不去争论，心平气和地和员工进行交流和共同研究。有时管理者还需要换位思考，站在员工的立场去考虑一些事情，这样也许就能体会到员工的处境而对员工更加宽容。特别是在员工犯了错误的时候，千万不能对员工不断训斥，而应该根据员工所犯错误的严重程度对员工适当的宽容。这样才能笼络住员工的心，使员工真切地感受到管理者的诚意。

对于员工，管理者应该给予他们妥协和宽容。管理者和员工本身就是一种比较特殊的人际关系，更需要管理者用自己的妥协和宽容去建立彼此之间的信任。而信任就是维系管理者和员工之间最重要的纽带。

唐骏：最高境界的管理是让员工感觉到伟大

在一个企业中，员工是企业最重要的部分，是基石，是血液。怎样让员工能更加自信、更加心甘情愿地为企业工作就是管理者要考虑的事情了。优秀的管理者能通过自己的管理理念而让员工更加自信。而"打工皇帝"唐骏认为：最高境界的管理是让员工感觉到伟大。

在企业中，特别是优秀员工聚集的企业中，每个员工都有自己很突出的部分。管理者的工作就是让员工自信地发挥出自己优秀的部分，从而让员工发现自己的伟大之处。有些管理者也许会纳闷：我让员工变得伟大了，他的光芒就会盖过我，那我的价值在哪里体现呢？对此，唐骏有一句经典的话可以回答："你都能让别人变得伟大，你不就更伟大了？那才叫真正的伟大。"让员工伟大，才能更加体现管理者的价值。管理者要扮演的角色之一就是营造一个良好的氛围，让员工在一个较好的氛围中充分发挥自己的长处，让每个员工都能感觉到自己的伟大。

最优秀的管理者能做到让员工从进入企业的第一天到离开的那天都能感觉到自己的伟大，同时也变得伟大。这样，员工才能真正地热爱自己的企业、自己的工作，才会尽全力地为自己的企业工作。即使有一天员工离开这家企业，还是会对企业带着一种爱恋。在这样的企业里工作，员工当然会尽心尽力地奉献自己的精力，企业才会获得很大的发展，管理者也会在使员工伟大的过程中收获自己的心得和快乐，体现出自己的价值。

唐骏在微软（中国）做总裁的时候，曾给人事部门定了这么一条规矩：任何级别的员工，无论是做技术开发的还是市场销售的，最后都需要唐骏亲自面试一次。当时有很多人并不理解，其实，这是唐骏的一个聪明的管理方式。这个面试虽然花了时间，但是员工会因此感到非常自豪。他们会跟自己的亲人朋友说自己是被微软公司总裁亲自面试并且通过的。大家一定会想这该是一份多么重要的工作，他该是一个多么优秀的人才。于是，员工在加入微软的第一天起就已经能感觉到自己的伟大了。管理者在管理中也要适当地放低自己的姿态，提高员工的自信心和自尊心，甚至是虚荣心，来让员工感觉到自己的伟大。

从微软到盛大，唐骏把自己的这种管理方式带到了他所在的每个企业环境中，使他所在的每个企业都得到了良好的发展，员工们在唐骏的带领下都感到自己的伟大而更加努力地投身到自己的工作中。唐骏也在使员工伟大的同时体现出了自己的伟大，他不仅获得了比尔·盖茨颁发的杰出管理奖，还被中国媒体广泛赞誉为"中国第一CEO"。所以，管理者在使员工伟大的同时，也会体现出自己的价值。管理者应该认清自己应该做的事情，通过具体的管理措施来使员工找到自己的信心，找到自己的不平凡。

2003年夏天，时任微软（中国）华南区总经理的赵方被苹果（中国）电脑公司挖走去担任中国区总裁的职务。这对赵方来说是她职业生涯的一次很大的提升。但是微软也很需要这样的人才，时任微软（中国）总裁的唐骏通过不同的方式对赵方进行挽留。赵方最终做出决定并给唐骏打电话告诉他的时候，唐骏正在海外开会。唐骏知道后立即专程赶到广州。赵方告诉唐骏这是她经过长时间考虑才做出的决定。唐骏知道即使见到了赵方也不会改变她的决定，但他还是到广州见了赵方，他没有说挽留她的话，更多的是问候。总共和她一起交谈了不到一个小时。之后就是媒体纷纷报道唐骏为挽留赵方中止国际会议，专程飞回广州的事情。所有的人，包括苹果公司都感觉到了赵方的重要性，认为她是其他公司不愿放弃的人才，于是都感觉到赵方是多么伟大，苹果公司因此更加看重赵方了。

唐骏的做法让赵方的价值得到了提高，赵方因此更加受到苹果公司的重用。赵方的心里肯定会觉得微软是一个有情有义的公司，同时也感觉到了自己的伟大，于是更有信心地投入到以后的工作中。

唐骏对即将离开的员工都能做到让员工感觉到自己的伟大，管理者在工作中难道不是更应该让员工在平凡中找到自己的伟大之处吗？管理者的工作并不只是制订计划和安排工作，还应该从更深层次去了解员工，激发员工的潜能，释放员工的激情，让员工找到自己的闪光点，让员工能充分了解自己，找到自己的伟大之处。这样才能让员工拥有充分的自尊心和自信心，从而更加热爱自己的公司，尊敬自己的管理者。管理者的决策也能更加容易地落实下去，拥有了自信和自尊的员工也能更加认真地工作。

很显然，微软公司学到了唐骏的管理理念，在唐骏离开微软的时候，微软公司授予了唐骏公司历史上唯一的一位终身荣誉总裁这一最高荣誉。这让提出这一管理理念的唐骏本人也认识到了自己的伟大。这正印证了唐骏的管理方式：一个管理者，他的最高境界就是让员工从加入公司的第一天到离开的那天都能感觉到自己的伟大。而能做到这样的管理者和公司就会更加伟大。

第三章

自我管理：
"平天下"从"修身"开始

管理者是一个团队的领导者，一举一动都会影响员工的心理，从而影响员工的工作效率。所以，管理者对自己的管理也非常重要，也就是古代人常说的"修身"。只有做好管理者本身的"修身"，才能给员工正面的影响，让员工能够全心全意地工作。管理者要想"平天下"，必须从"修身"开始。

你的领袖魅力在哪

管理者作为一个团队的领导者，一定要有一定的领袖魅力。具有领袖魅力的管理者可以更加吸引员工，使员工能更乐意跟随自己工作，管理者的决策和工作安排也能更加容易在员工中开展。

管理者的领袖魅力不同于一般的人格魅力，他是一种基于管理者本身的个人质量、职务权力和工作能力的亲和力和凝聚力。也就是管理者通过自己的领袖魅力来影响员工的行为，以达到整个团队的目标。对于一个团队来说，要想取得一个好成绩，管理者不仅要制定一个可行的目标，还要通过自己的身体力行，多做一些模范性、标杆性的事情，通过自身的领袖魅力来影响和带动员工。如果一个团队的管理者没有一定的领袖魅力，就很难让自己管理的员工对他信服，当然不会愿意全心全意地工作。因此，一个合格的管理者必须要有一定的领袖魅力，才能影响员工，使员工对自己信服，从而全心全意地工作。

美国著名成功心理学大师拿破仑·希尔博士有句名言："真正的领导能力来自让人钦佩的品格。"这里所说的品格不仅仅是指领导者的道德质量，也指管理者的人格和作风等。广义上来说，品格因素包括对自己的自信、大公无私、言行一致、严于律己、平易近人、勇于开展批评和自我批评等。这些优秀品格的修炼和培养是一个长期的、持续的过程，是由很多平凡的小事日积月累起来的。这些个人的品格是管理者要提升自己领袖魅力的根本因素。

一个管理者若是缺乏优秀的品格和个性魅力，即使工作能力再出色，员工对他的印象也会大打折扣，他的威信和影响力也会受到负面的影响。只有具有高尚品格的管理者，才会拥有很大的领袖魅力，才会更加容易让人信任，甚至会产生一种敬爱感。比如人们对已故的周总理，依然具有非常强烈的敬爱感，就是因为周总理具有高尚的品格。

管理者还要具备对员工情感方面的影响力，以此来证明自己的领袖魅力。现在的人们已经越来越重视情商在管理方面的作用。国外管理学的研究表明，一个成功的管理者，80%的因素来自情感方面，只有20%来自智力方面的影响，而管理者领袖魅力的培养离不开情感的力量。管理者良好的情感，可以营造良好的工作氛围和健康的人际关系。

世界上最大的社交网站 Facebook（脸谱）的 CEO 马克·扎克伯格是一个情商极高的管理者。他鼓励员工互相讨论任何事情，甚至是一些比较机密的内部情报。他信任员工不会对外泄露一些重要机密。对于 Facebook 的员工，扎克伯格给予了他们三个权利：①Facebook 员工会在第一时间知道公司的计划和动向，并且被告知应该具体做什么，以及怎样去做。②Facebook 办公环境十分开放，员工之间可以互相交流，无论他们属于哪个部门。③每周五马克·扎克伯格都会在"每周问答"会议上仔细回答员工的问题。这让员工们感觉到自己受到了极大的尊重，都很愿意在这个自由的工作氛围里工作，甚至其他公司的精英都愿意来 Facebook。一个原来在其他公司工作的 Facebook 员工表示，他在之前的公司工作时所有信息都需要保密，甚至连同一公司中不同部门的员工都不能很好地交流。而在Facebook，他觉得很自由，感觉自己受到了尊重，因此更愿意留在Facebook。

马克·扎克伯格利用自己的情商给公司创造了一个良好的工作氛围，员工们都喜欢在这个环境中工作，他也在这其中展现了自己的领袖魅力。俗话说"感人心者，莫过于情"，管理者拥有良好的情感，就能准确地把握怎样能让员工们更加舒服地投入到工作中。这样的管理者当然能让员工更深切地感受到管理者的领袖魅力。

才能是管理者所能展现给员工的最直观的东西，当然管理者也可以展现自己的领袖魅力。管理者的才能包括自己的知识储备和工作能力，也可以表现为对工作目标的渴望。一个管理者拥有丰富的业务和管理知识，又拥有强大的工作能力，就会很容易让员工对自己产生信赖感，管理者的领袖能力也能在此得到体现。需要提出的是，管理者不仅要有丰富的知识，还要具有合理的知识结构，这样，他的领袖魅力才能更大。

好的管理者应该不停地积累知识，增强工作能力，并且要让员工看到自己的这个能力。员工们被管理者渊博的学识和出色的工作能力所折服，自然就会佩服管理者，当然更有利于管理者进行管理工作。

古人云："以力服人者，非心服也，力不瞻也；以德服人者，心悦诚服也。"管理者只有利用自己的领袖魅力去影响和改变员工，才能使员工心悦诚服，真正地服从管理。而领袖魅力，就体现在管理者的风度、人品、学识等各个细节上面。管理者的领袖魅力直接关系到企业的生存和发展，因此，企业管理者应该顺应时代潮流，特别注重树立自己的管理者形象和散发出管理者的领袖魅力，成为大浪淘沙的市场竞争中砥柱中流、屹立不倒的强者。

DREAM：管理者的思维格局定位

"DREAM"就是梦想，是一个企业长远的战略目标。任何企业在发展中都需要一个DREAM，这是管理者根据企业的发展方向制订的一个长期目标。这个DREAM绝对不能是一个短期实现的目标，同时也不能是不切实际的空想。这需要管理者根据自己的思维格局而进行一个对全局的统筹和计划和一个对自己的企业的定位。

华硕副董事长曾锵声在2009年就曾经提出这样的战略目标——提供比苹果更好的产品。诚然，作为世界上最具有创新力的公司，苹果多年来一直以不可撼动的地位雄居于硬件市场。华硕虽然在国际上销售量也不错，也凭借过硬的质量赢得了良好的口碑，但是和苹果相比还有不小的差距。华硕的这个目标就是它的一个"DREAM"，曾锵声把超越苹果定位为华硕的长期目标。经过这几年，虽然华硕依然没有超越苹果，但不可否认的是，华硕正朝着这个目标努力地迈进着，而且和苹果的距离正在渐渐缩小。这是因为曾锵声给华硕员工制定了这样的DREAM，每个华硕员工都为能实现这么一个伟大的DREAM而激动不已，于是就积极地投入到了自己的工作中。管理者梦想的大小，决定了企业格局的大小，而企业格局的大小更是决定了企业能走多远。一个企业需要有一个"DREAM"，只有这样，企业里的每一个人才会有动力投入到自己的工作中。

管理者树立一个短期的目标固然重要，因为这样有利于管理者制订计划。但是，管理者根据企业的发展规划和自己的思维格局为企业定一个战略目标也是有必要的。因为一个长期的目标会指出一个企业的宏观的发展方向，也是企业经过了不同阶段的发展最后所达到的一个比较高的高度。同时，一个长期的目标也会在一定程度上成为鼓励员工的工作推动力，让员工能和管理者一起为实现这个目标而努力。这就需要管理者根据自己对企业的思维格局、发展形势和市场前景进行详细的了解和统筹后对企业的长期目标做个定位。华硕的DREAM是超越苹果，宏碁的DREAM是超越惠普，HTC的DREAM是在中国市场的销售量超越华为。这些企业都给自己定下了一个虽然很难实现，但是经过努力都是有可能实现的DREAM。这个DREAM也影响了管理者的思想格局，并由此可以进行更加系统的规划。我们可以看到，现在虽然他们都还没有实现这个战略目标，但是都在向目标靠近。华硕成为了Windows操作系统推出后最早的合作厂商之一，宏碁在全球的销售量仅次于惠普排在第二，HTC现在在中国市场的销售量已排进前十名。所以，管理者定位一个长期目标非常重要。

要想给自己的企业定一个长期目标，管理者首先要做的是提出自己企业的发展方向和战略定位。中国 20 世纪 50 年代的"大跃进"时期，一些干部就是不顾中国的实际国情，盲目地喊出"赶英超美"等不切实际的梦想让人民去完成，导致了本来就生产力低下的中国老百姓的生活雪上加霜。所以，管理者绝不能不切实际地制定长期目标，而是应该根据企业发展的规划和市场环境制定一个可行的、可以经过时间和努力实现的目标。

制定一个正确的战略目标，对管理者的要求是非常高的。这就需要管理者经过"修身"，在日常的工作中不断积累经验，然后根据自己的知识和经验锻炼自己的眼光，拓宽自己的思维，建立自己的思维格局。通过对自身的不断提高给企业制定一个长期的目标，并朝着目标不断地努力。

宏碁集团现在已经在个人电脑的销售量上排在了世界第二，仅次于惠普。是什么让宏碁在短时间内成为世界著名的个人电脑生产商？答案就是创始人施振荣在宏碁不同的发展阶段给宏碁制订不同的长期目标，然后再朝着这个目标努力，最终才实现了宏碁的全球化目标。在 20 世纪 70 年代宏碁刚刚创立的时候，施振荣给宏碁提出的长期目标是能开发出一种使用更加方便的电脑升级的技术，这在当时是几乎不可能完成的任务。不过，经过施振荣和他的宏碁团队的不断探索和研发，终于在 1991 年开发出"矽奥技术"和无螺丝外包装技术，解决了原来电脑固件升级和电脑组装的困难。宏碁一跃成为一家非常出名的大公司。之后，施振荣又制订了宏碁的电脑销量挤进世界前五的目标，当时正是苹果、戴尔、IBM、惠普等电脑生产商如日中天的时候，但是施振荣很巧妙地抓住了上网本的机遇，大力发展上网本的业务，最终击败了这些传统大佬，登上了世界私人电脑销售量排名第二的宝座。施振荣用自己敏锐的眼光和冷静的判断，把宏碁的目标定位在了一个看似遥远又非常合适的高度。宏碁最后化不可能为可能，成为了著名的 IT 界大公司。

施振荣通过对自己的思维格局和对目标的准确定位，给宏碁每个阶段制定了 DREAM，让宏碁去通过自己的努力慢慢实现这个梦想。管理者在管理中也应该通过自己的思维格局，给自己的企业定位一个正确的位置，提出企业以后的长期目标，并且很切实际地制订计划，再根据计划一步步努力。

管理者在制订长期目标时，还需要跳出自身看自身，跳出行业看行业，把自己的思维格局和对目标的设定，放在一个利益相互影响、彼此纠结的局势中去考量，要对局势和竞争的总体状况进行分析，确定好局势特征。通过这样做，企业就会根据这个目标制订战略计划，向着正确的宏观方向更加努力地前进，在前进的过程中，企业也会有巨大的飞跃，管理者本身也通过这种"修身"完成自己的蜕变。

压力化解：管理者情商管理

哈佛大学心理学教授和作家丹尼尔·戈尔曼说过："一个人如果不具备情绪能力，缺乏自我意识，没有同理心，不知怎样跟人和谐相处，不管有多么聪明，这个人也不会有很大的发展。"这句话说明了情商在人际关系中的重要性，管理者和员工同样是一种人际关系，情商当然也发挥着自己独到的作用。拥有很高情商的管理者在进行情商管理中，通常能用一些简单的举动深刻地影响员工的心理和行为，从而达到事半功倍的效果。此外，正确的情商管理还能缓解员工和管理者自身的压力。

无论是管理者还是普通员工，都有自己的压力。管理者的压力来源于担心自己的团队能否给公司带来一定的绩效、自己能不能体现出自己应有的价值、自己还能否得到上级领导的信任等。而员工的压力则更直接，包括生存的压力，以及担心工作能不能按时完成、上级对自己的管理力度等。这些压力若是不能及时得到释放，就会越积越多，最终让员工和管理者工作都很消极。因此，管理者需要经常和员工沟通，或者通过一些其他的途径释放自己和员工的压力，让自己和员工都能够在一个最佳的状态中进行工作，这样工作的效率才会更高。而对压力的管理，则更多的仰仗管理者的情商管理能力。

优秀的情商管理，是本着"以人为本"的管理理念，根据被管理者的不同环境、不同性格找出的最合适的管理方式。通过这种管理方式可以化解员工和被管理者的心理压力。在企业中，员工和管理者都有自己的压力，这些压力也许来源于工作，也许来源于生活，也许来源于经济。管理者应该通过日常与员工的接触和沟通的细节来观察出员工压力的来源，然后再根据员工们压力的不同来源、个人性格选择最合适的管理方法对员工实施管理工作，化解员工的压力。员工的压力化解了，就能更加轻松地投入到工作中去，管理者的压力当然也会随之得到缓解。

根据不同性格的员工要用不同的方法，因此，才需要管理者培养出很高的情商。一定需要注意的是，管理者切不可犯以偏概全的错误，以为在同一环境、同一个年龄段的员工就可以用相同的管理方式进行管理，否则，就很可能造成不可挽回的严重局面。

从2010年1月23日开始，富士康已发生14起跳楼事件，引起了社会各界乃至全球的广泛关注。这其中跳楼的员工全是80后、90后，其中大部分是90后。这件事也引起了全社会的一次大讨论，有的人认为是富士康的管理模式有问题，有的人认为是富士康的劳动强度过大，还有的人认为是80后、90后的心理承受能力太差，一时众说纷纭。跳楼事件发生后，富士康创始人郭台铭亲自赶往深圳了解情况并向跳楼工人的家人致歉，轰动一时的富士康跳楼事件才算有了一个结果。不过，这件事情带来的社会影响一直没有消失，诺基亚、苹果等富士康合作伙伴因为这件事一度中止了和富士康的合作，工人也出现了大面积的集体辞职，不愿再继续工作下去。这都给富士康带来了非常大的打击。

作为现代大城市中的新生打工族，80后、90后的这些人多是独生子女，抗压能力和吃苦能力较差。但是同时这代人自尊心更强，更加理想化。进入社会后，理想和现实的巨大反差让这些抗压能力差、心理尚未成熟的打工者难以适从。他们觉得怀才不遇，受到了不公正的待遇，压力无处释放，就对学习和生活丧失了信心，产生了厌世感。从管理者的角度来看，是因为从建厂以来，管理者的管理模式一直停留在针对于比较老的员工的军事化管理上，没有与时俱进，这种僵化的管理模式非常不适合崇尚自由的80后、90后员工。这才是造成这个悲剧的根本原因。若是管理者能够根据这些80后、90后员工比较针对性地制定管理方式，适当地满足这些员工的心理需求，减轻他们的心理压力，也许就能避免悲剧的发生。

作为管理者，应该关注自己和员工的心理压力，并利用自己的情商管理去排解员工的压力。挑选出最适合当时环境的管理模式，这才是管理者管理工作的核心。管理者更应该用员工可以接受的管理模式进行管理，用员工听得懂的话与员工沟通，用员工会操作的管理形式提升员工执行力，千万不能只要求员工们听话照办，让员工像机器一样地工作。

通常，管理者可以适时地和员工进行沟通，从而帮助员工释放一些压力。同时，管理者可以组织员工进行一些文娱活动，让自己和员工都能够放松身心，释放压力，还能够拉近自己和员工之间的距离。

情商管理是一门学问，需要管理者在日常工作中不断地积累经验。管理者提高自己的情商，才能轻松、从容地对员工实行情商管理，才能化解员工和管理者本身的一些压力。一个成功的管理者，一定是一个情商很高的人，能进行高明的情商管理。所以，管理者也应该多多积累学习，向着自己的成功迈进！

团队不需要碌碌无为的管理者

管理者在一个团队中是领导者，由于其在团队中特殊的位置，很容易成为员工们瞩目的焦点。所以管理者一定要有所作为，才能很好地带动员工们工作，如果管理者碌碌无为，就不会让员工信服，他们的工作积极性自然也就不是很高。一个管理者碌碌无为，还会造成对企业资源的浪费。这样的管理者，企业、团队都不需要。

电影《私人订制》里有一句话很好："作为领导，虽然不贪，但是也不作为，这也是腐败啊！"在任何的团队中都不需要碌碌无为的管理者，只有一个有作为的管理者，才有底气、有魄力去管理员工，员工也才能从心里对管理者服帖，从而全心全力地投入到工作中。有的企业中的管理者只求无大过不求无大功，这样的管理者会严重损害能干大事、想干大事的员工的积极性，从而导致整个团队工作效率的降低。

可以说，一个团队中是不需要碌碌无为的管理者的。这样的管理者只会使自己不作为的作风在整个团队中蔓延，导致整个团队作风散漫，这样肯定不会给企业带来正面的影响。然而，也不能因为不让人觉得碌碌无为而整天装出一副很忙碌的样子。而是应该努力找到自己该做的工作，争取把工作出色地完成，做一个"有作为"的管理者。这样，员工就无话可说了，就会心甘情愿地投入到工作中，企业和管理者也才能真正地获得很好的发展。

孔子说："在其位，谋其政；不在其位，不谋其政。"就是说在这个位置就应该做这个位置上应该做的事情，而不能因为一些原因而"不作为"。

管理者也是如此，应该知道自己应该做什么，然后认真努力地去完成工作，不去做多余的工作。比如司机行驶在公路上时，如果什么都不做，也不开车，车肯定会出事，但是如果开车的时候做其他的事情也会导致事故的发生。所以，最好就是做好自己的分内事情，把自己的分内事情做出彩，使员工能看到管理者的作为，那样就更能投入到自己的工作中。

春秋战国时期，群雄争霸，楚国是当时比较强大的国家之一。公元前613年，楚成王的孙子楚庄王即位做了国君。晋国趁这个机会把几个有意归附楚国的国家都拉拢过去，订立盟约。楚国的大臣很着急，纷纷向楚庄王提出要出兵霸权。但是新上任的楚庄王只顾自己玩乐，白天打猎，晚上喝酒、听音乐，根本不把国事放在心上，整天碌碌无为。他知道大臣们对他的作为很不满意，于是下了一道命令：谁要是敢劝谏就判谁的死罪。很多大臣都觉得楚庄王只知道贪图享受，绝对不是一个贤明的君主，就纷纷离开了楚国。

在这个时候，一个叫伍举的大臣实在看不过去了，就向楚庄王进谏，用隐喻的方式提醒了楚庄王。之后，另一个大臣苏从也冒死向楚庄王进谏。楚庄王终于明白了自己的过错，于是决心改革，他把一群奉承拍马的人撤了职，提拔了伍举和苏从等人，后来又请了一代名臣孙叔教。有了这些贤臣的辅助，再加上楚庄王的励精图治，楚国很快成为了当时最强大的国家，楚庄王也成为了当时的霸主。

我们完全可以把伍举、苏从劝谏之前的楚庄王和之后的楚庄王做一个对比。在受到良臣的劝谏之前，作为楚国管理者的楚庄王只知道贪图享乐，碌碌无为，根本没有看到楚国周围的敌对势力晋国等国的虎视眈眈。即使是在楚国国内，因为没有一个有作为的管理者，也变得生产力很低下。这些导致了一些人才的流失，人们都对这个管理者失去了信心。可以说，这个时期的楚庄王是楚国不需要的。然而在良臣劝谏之后，楚庄王认识到了自己的错误，并对自己的错误及时进行了弥补。他广募人才为自己办事，对内对外都大展拳脚，终于重新获得了楚国百姓的信任，最终成为了著名的"春秋五霸"之一。楚庄王成为了一个成功的管理者。

合理放权，并不代表着什么都不做。没有团队需要什么都不做的管理者。有什么样的管理者就会有什么样的员工，就能造就什么样的企业。一个碌碌无为的管理者，只能领导出一群闲散、懒惰的员工，这样的企业也注定是没有前途的。管理者在工作中要扮演很多角色，其中一个就是团队的标杆角色。一个团队的标杆性的人物都整天什么都不干，没有丝毫作为，难道还指望员工们能出色地完成自己的工作任务，超过这个标杆吗？

一个团队中，连碌碌无为的员工都不需要，更不要说是管理者了。那么，怎样才能使自己避免碌碌无为，而做到有所作为呢？管理者首先要做的就是，清楚地知道自己都应该做什么。管理者在一个团队中要扮演的角色很多，他既是工作氛围、工作方向的领导者，也是在员工遇到困难时的业务能手，同时还是员工在工作中应该请教的老师等。所以，管理者要做的工作其实很多，根本没有时间去无所事事，碌碌无为。

其次，管理者要在认清自己的工作职责后倍加努力，做出应有的成绩，让员工信服。试问，有哪个员工会对什么都做不好的管理者信服呢？楚庄王因为强调改革的作用，任用真正有用的人才而使楚国上下都十分佩服。管理者也可以从自己擅长的领域入手，做出自己的成绩，让员工们对管理者心悦诚服，进而自觉投入到工作中去。

没有团队需要碌碌无为的管理者，因为这样的团队注定会失败。只有管理者从自身入手，努力做好自己的工作，让员工能真切地看到管理者在团队中的作用，他才会心甘情愿地服从管理者的管理。企业也会因为管理者的"有作为"而越来越强大，管理者自身的价值也会越来越明显。

不做英雄，做榜样

什么样的人是英雄？英雄就是通过做出彩的事情而让别人认同自己，英雄往往是能拯救世界、力挽狂澜的人，而英雄周围的人往往会在英雄的光环下显得黯淡无光。而榜样，就是能成为大家模仿的对象，都愿意向他学习、效仿的人。管理者在工作中做出了成绩，往往是一个团队的功劳，管理者应该做榜样，而不是做英雄。

科·达勒威耶说："榜样的力量是无穷的。"管理者给员工形成一个好的榜样是管理者进行自我管理的很有效的方式。管理者要严于律己，力争在很多方面成为员工的榜样，通过不断提升个人的感召力，促进员工素质与执行力的全面提升，最终促进各项工作的良好开展。而管理者若是只顾做英雄，虽然其个人的表现会非常抢眼，但是这种过分抢眼的表现会打击其他员工的积极性，导致他们垂头丧气，工作效率低下。

管理者既然要成为一个员工的好榜样，就要从自身做起，通过以下几个方面来不断地修炼自己：

1. 修炼自己的人格魅力

一个优秀的管理者应该具备优秀的人品。这就要求管理者在平时的工作中自律、自省，时刻注意自己的言行举止，在员工的心中留下一个规范自律、勤政敬业的形象。这样，员工就会打心眼里敬佩自己的管理者，从而安心地工作。管理者的决策和各项工作也能够更加顺利、更加容易地展开。

同时，管理者还应该时刻关心员工的情感需求。在工作中通过观察和交流了解员工们心中所想，适当地满足员工的情感需求，使员工能感受到企业和管理者对自己的关心。这样的员工当然更愿意去认真工作，给企业提供帮助，以此来回报管理者给予的情感关怀。管理者在适当满足员工情感需求的过程中，也不断地提升了自己在员工心目中的个人影响力。

2. 不断地学习，成为学习的榜样

21世纪是个学习型的社会，学习力决定一个企业的竞争力和生命力。从某种角度上来说，学习的速度就是成功的速度。社会日新月异，环境千变万化，不学习，注定跟不上形势的发展，只能被淘汰。管理者也是一样，必须要不断学习来丰富自己，让自己和自己的企业不会被淘汰。管理者必须比员工的学习力更强，比员工学习得更多、更快、更全面。在实践中学习，有针对性地学习，找到一个更有效、更直接的方式去解决问题。

管理者不仅要做好自己的学习，更要带领好、组织好下属学习各类业务知识、规章制度、操作技能，全面提升员工的素质与技能。要增强学习的主动性、计划性、前瞻性、系统性，不断提升学习效果，提升学习力对管理工作的促进作用。在管理者和员工的共同学习下，打造一支机动性强、能快速反应、非常高效率的成功团队。管理者自身也通过在工作中学习，在学习中进步，工作与学习就会相得益彰。

3. 成为执行力的榜样

什么是执行力？执行力就是能否完美完成工作的能力。执行力体现在管理者身上就是指管理者战略的决策能力、组织的管控能力和工作指标的完成能力。执行力在管理中是非常关键的管理者能力，在工作的结果方面显得尤为重要。

2001年12月2日，美国安然公司宣布破产。在此之前，它在内部管理上的创新一直为业界所称道。安然公司对创新的不断追求是MBA教学的经典案例。安然在很早以前就认识到，脱胎于旧环境的企业大多等级森严、层层把关，陈旧的管理体系严重阻碍了企业的创新。而作为创新的必备条件——团队精神的缺乏，个人英雄主义的泛滥，遏制了团队协作的培养，给技术的进步带来了巨大的压力。无论安然多么强调自己是一个需要创新的公司，并在内部尽量鼓励创新，但是由于公司内部的中高级管理者为了充当英雄，各自为政，创新的机制已经名存实亡了。其结果就是导致了安然公司虚报收入和隐瞒债务，造成了破产的状况。

在当时，安然公司的破产引起了轩然大波，很多人都不相信这个曾经的世界 500 强企业会是这种结局。通过研究不难发现，安然公司破产的根本原因就是公司中的一些管理者只顾着自己逞英雄，没有从大环境着眼，限制了管理者的执行力，导致了这个让人叹惋的结果。

管理者应该树立和培养整个团队的执行力文化，在这其中，管理者自身的模范执行、严格执行，对执行力文化的塑造具有至关重要的作用。管理者在执行公司的规章制度的时候，在完成团队的工作任务的时候，在努力带领员工为完成工作目标而奋斗的时候，如果能做到令行禁止、从大局出发，以高度的责任感和压迫感做好各项工作，则无疑对员工执行力的提升具有巨大的示范效应和榜样作用。当管理者抛弃了自己的个人英雄主义，以高度的责任感和执行力要求下属员工全面落实和提升执行力的时候，执行力不足的弊病就会迎刃而解。随着全部员工执行力的提升，各项工作都会焕然一新。

由此看来，管理者必须抛弃自己的个人英雄主义。但是管理者可以在自己的团队中提拔英雄，以此来激励员工的工作积极性来完成各项工作。管理者的角色应该是做一个合格的榜样。只要管理者做好对自己的管理，并且养成良好的性格，不断地积累和学习，并且提高自己的执行力，自然能提高自己的威信。员工们也必然上行下效，全心全意地完成各项工作，通过互相合作，肯定能使企业获得良好的发展。

良好的形象是第一吸引力

在生活中，人们在互相接触的时候，良好的形象往往能成为吸引对方的首要原因。管理者为了能更好地开展自己的各项工作，也需要树立一个良好的形象，在员工心中留下一个很好的印象，这是很重要的。树立良好的形象是对员工的第一吸引力，同时也是管理者进行自我管理的一部分。

当然，管理者的形象绝不仅仅局限于日常言行举止和衣着打扮，这只是管理者外在形象的一个组成部分。一个管理者，在员工的眼里，或许是一个强硬的领导，或许是一个温和的领导，或许是一个创新者、慈善家、工作狂等。优秀的管理者能根据企业和员工的需要树立起一个良好的形象。管理者形象是管理者思想品格、知识水平、能力作风、仪表风度、心理气质等多方面的行为规范和自我约束能力的外在综合表现，主要包含品格形象、风度形象、能力形象等。

而管理者形象的树立是要经历一个过程的，优秀的形象需要得到企业、员工等各方的共同认可，才能最终定格。总体来说，影响管理者形象的因素主要有管理者的自身素质、领导风格和个人性格三个方面。

一个人的素质决定了他为人处世的态度，而管理者的素质决定了他的管理理念和管理方式，也决定了他对员工，对团队，对企业，甚至对竞争对手的态度、也决定了他展示给公众的品格形象。从某种意义上来说，管理者道德素质水准决定了他所经营的企业的素质水准，诚信的管理者也会将诚信作为企业的行为准则，良好的企业形象也能提高管理者在公众眼中的形象。

在管理者与员工的接触过程中，对员工影响最大的就是管理者的领导风格。管理者和被管理者的关系是管理者与员工之间最本质、最直接的关系。于是，管理者的领导风格也就成为确定其形象的重要因素。领导风格因人而异，有作风强硬的管理者，也有比较温和的管理者。良好的领导风格并不是一成不变的，而是能够根据具体情况，运用最能发挥作用的管理方式。对属下员工的表扬与批评、奖赏与惩罚，对管理者来说都是"双刃剑"，恩威并施，运用得当，分寸适度，才能进退自如。

而管理者个人性格则能从侧面去影响员工，体现自己的良好形象。通过对员工的各种极具个性的决策使员工了解到管理者的性格魅力，从而影响到员工。管理者就会在员工心中树立起一个比较生动的形象。通过个人性格来展现管理者的魅力，会比管理者用硬性规定或者一些批评等措施更加有效。

狂放不羁、张扬跋扈、大胆独裁……这些令人不敢恭维的性格使硅谷甲骨文公司的首席执行官拉里·埃里森成为硅谷里人人皆知的"坏孩子"。他用他极富魅力和侵略性的面孔、咄咄逼人的口才、近乎疯狂的生活方式征服了甲骨文的员工。生活中的埃里森标新立异、挥金如土，工作中的他又高招迭出、充满创意。1999年他以闪电般的动作，一改公司过去那种各自为政、支出缺乏周密计划的做法，仅仅九个月就为公司节约了5亿美元。在日常工作中，他经常亲自拟定合同，甚至像个街头小贩一样和竞争对手讨价还价。在埃里森看似乖张的表现之外，又有着别人难以发现的精明。这就是埃里森和他的甲骨文公司一直能保持很好业绩的原因。

拉里·埃里森特立独行、跋扈乖张的性格不仅没有成为他事业上的绊脚石，反而成为了他独有的性格魅力，员工们都愿意跟着这个有个性的管理者去工作。埃里森的形象也深深地吸引着员工们。

管理者应该从形体、心态和理念三个方面来塑造自己的良好形象。而形体塑造，就是对自己外表的塑造。很多人将不修边幅当作张扬个性的手段，这在艺术界很常见，但是对管理者来说是不行的。在某些特定场合注意仪表着装非常重要。"小超人"李泽楷平时的装扮是 T 恤衫和牛仔裤，甚至剃了个板寸，一副 IT 人士的样子。但是在面对投资人的时候，他还是西装革履，以一副沉稳成熟的形象去面对。所以，管理者只有在适当的场所给人最适合的外表形象，才能给别人留下一个正面的印象。

管理者用什么样的心态去塑造自己的形象也十分重要。外在形象是个人修养、品格个性的自然表现。一个沉默寡言的人，不可能成为演说家。同样，一个性格强硬的人，也不可能总是温情脉脉。每一种形象都有它独特的魅力，根据自己的特点树立起适合自己的公众形象。过于做作，故意扭捏，只会适得其反。

理念信条是一个人为人处世的方向，决定了这个人对事对人的态度。管理者的理念无时无刻不在影响着他对企业、对员工、对竞争对手的态度。管理者应该用自己正确的理念去指导自己的行为。"非典"期间，有些药店为了暴利而大肆哄抬药价，而南京的某医药公司管理者却指示员工，要按照国家定价来出售预防"非典"的药物。即使是当时药价飞涨，公司蒙受损失的情况下，他始终没有抬高药价。这位管理者在国家和社会遇到困难的时候，坚持了一个管理者应有的社会责任感和理念，赢得了社会的赞誉。

管理是一份特殊的职业，管理者需要更加专业化、职业化，通过学习和积累树立起一个良好的个人形象是为了适应日益复杂的经营环境。管理者只有更好、更多地融入到社会中去，才能真正树立起良好的形象，才能更大程度地推进企业的发展。

谦虚好学是一种魅力

古人云："用师者王，用友者霸，用徒者亡。""用师者王"指的就是管理者非常谦虚好学、礼贤下士，勇于承认自己的错误、不足，尊奉真正贤能之人为老师，善用天下之智力以谋大业，从而"王天下"成就大业。例如周文王尊姜太公为太师，其后文王逝世，武王即位，又拜姜尚为国师，并尊称他为"师尚父"。商汤用伊尹，齐桓公用管仲且尊之为仲父，燕昭王用郭隗。"用友者霸"就是指领导者对待下属就像自己的朋友一样。比如刘邦用萧何、韩信、张良，苻坚用王猛，刘备用诸葛亮等。而"用徒者亡"是指专用言听计从、唯唯诺诺、溜须拍马的人，这样必然是失败的。对现在的管理者来说也是一样，只有谦虚好学，不断地在工作中积累，不断地充实自己，才能体现出管理者良好的性格。谦虚好学的性格还能够吸引住员工，并能激发员工的工作热情。

一个人若是能虚心地不断学习进取，那就是这个人最大的优点，但是许多人并不是总能够虚心好学、奋发向上。尤其是有些人成为了管理者之后，就会有"天上地下，唯我独尊"的感觉，觉得不用再学了。于是，他的人生和事业就会向中午的太阳一样开始走下坡路了。而优秀的管理者在爬上顶峰之后依然知道不断地学习，每天进步一点点，骨子里有着渴望自己越来越强的欲望，这才是"王"的境界。管理者谦虚好学是管理者对自身进行很好的自我管理后所培养出的一种非常好的习惯和品格。这无论是对员工、对企业、对团队还是对管理者本身都具有非常积极的意义。

有句格言说："博学多才的智者，总是温良谦逊；硕果累累的树枝，永远俯首躬身。"管理者的谦虚好学在很大的程度上能够影响到员工，甚至影响到企业的发展。人类是脆弱的生物，每个人都有自己的优点和缺点。管理者应该清楚地认识到自己的缺点，并且敢于承认自己的不足之处，保持一种谦逊的态度，不断去学习和积累，不断地完善自我，这样才能体现出管理者的魅力，才能成为一个优秀的管理者。

谦虚是一种态度，好学是一种习惯。人们应该养成这样的态度和习惯。做人如此，做管理者更是如此，无论是哪个领域的管理者都应该培养这样的态度和习惯。一个谦虚好学的管理者，他的下属员工也会是谦虚而好学的。他所在的企业才是具有创造力的企业，才是更加具有生命力的企业。

也许有的管理者会担心自己的谦逊会导致自己在员工心中的威信丧失。这个大可不必担心，因为谦逊的态度本来就是人与人之间建立信任的基础。管理者和员工之间也是如此，管理者可以利用自己的谦虚好学而迅速获得员工和团队的信任。这样，管理者才会培养出一个谦卑的、值得信任的团队，才会更加有效地完成各项工作。从这个角度来看，管理者的谦虚好学不仅不会丧失管理者在员工心中的威信，反而会加深管理者与员工之间的信任，企业也会因此而获得更加良好的发展。

"胡庆余堂"是红顶商人胡雪岩毕生的心血。在世纪更迭、战火纷飞的岁月中，无数金字招牌都未能幸免于难，"胡庆余堂"却以胡雪岩提出的谦虚诚信支撑到了现在。一天，一位老农到"胡庆余堂"买药，微露不悦之色，恰好被胡雪岩看到了。胡雪岩和颜悦色地问老人，是不是药店有什么招呼不周的地方。老人见胡雪岩谈吐、穿着不凡，知道是个管事的人，就说："药店的鹿茸切片放置时间太久，有些返潮。"胡雪岩没有因为他是个老农夫就不理他，而是谦虚地问他应该怎么办。老农夫说："希望贵店不要提前将鹿茸切片，等有人来买时再切更好。"一旁的掌柜见老人是一个农夫，买的鹿茸也不多，就恶语相加说"胡庆余堂"卖的都是上等马鹿茸，要老农夫不要在店堂内胡说八道。胡雪岩打断了掌柜的话说：

"老人家，您的建议我们马上就采纳，您以后一定会买到好的鹿茸，这次的鹿茸我们不收钱，希望您下次还能到'胡庆余堂'买药。"当即下令鹿茸一概不得事先切片。老农夫被胡雪岩的谦虚大度所感动，逢人就夸"胡庆余堂"货真价实，每次进城都会给胡雪岩送些土产，两人成了忘年交。胡雪岩的谦和不仅没有让药店的声誉丧失，反而赢得了老农夫对"胡庆余堂"的信任，他一生结识了很多这样的朋友。

胡雪岩一生获得的赞誉无数，却始终保持一种谦虚好学的态度，这也与他的成功不无关系。比如案例中，胡雪岩就是以他谦虚的态度获得了老农夫的信任，又用好学的习惯让老农夫解决了他的问题，同时胡雪岩也结识了这样一个朋友。回顾胡雪岩的平生我们可以看到，他的这类朋友帮了他很大的忙，很多次都在胡雪岩非常困难的时候挽救了他。

管理者要谦虚和好学首先表现在言语中。管理者的话语要以缓和的语气开始，创造一个中立的、可靠的氛围。在这个氛围中和员工进行友好的探讨，尽量从别人的话题切入。注意不要针锋相对，更不要炫耀自己的知识和学识。同时管理者还要调整自己的心态，时刻处于一种学习的状态，敢于接受不同的声音，并从中吸取教训和经验。管理者还要敢于找出自己不足的地方，虚心向别人讨教，使自己的性格、学识等更加的完善。

谦虚好学绝不是管理者的一种缺陷，而是管理者对员工魅力影响的重要部分，它是自信和高尚的融合。一个谦虚好学的管理者能无声地、持续地创造惊人的业绩，因为他着眼的往往是比个人的得失更加远大的事业。

落实"承诺"的工作方式

人与人之间沟通的桥梁是信任，而信任是建立在人能否落实承诺上的。因此，落实承诺是人们之间相处的基础。在很多时候，管理者和员工之间只是单纯的以利益为纽带联系在一起的，管理者就需要通过落实承诺的工作方式来增进与员工之间的互相信任，共同为企业、为自己创造利益。因此，管理者落实"承诺"的工作方式是非常有必要的。

从本质上说，每家公司都是一个由各种承诺构成的动态网络，各个层级的员工彼此做出承诺。此外，管理者还要对其他部门的同事以及下属员工、外包伙伴和其他利益相关方做出承诺。承诺好比是绳线，把各种组织活动协调地编织在一起。而困扰管理者的大多数难题，如战略实施不当、组织缺乏敏捷性、员工的工作积极性不高等一系列问题，都可以归结为承诺不利所致。有一种管理方法就可以在短时间内帮助管理者解决一些棘手的问题，并可以长期提高员工的工作积极性和可信赖性，这就是落实"承诺"的工作方式。

落实"承诺"的工作方式，就是管理者根据自己和员工互相做出的承诺而进行系统化地培养和协调。承诺是许诺者为了满足企业的发展要求而做出的保证。要想建立和有效地完成承诺，许诺者和被许诺者要经历三个阶段：第一是双方达成一个共识，第二是许诺者经过努力兑现承诺，第三是被许诺者公开宣布许诺者已经履行诺言。

在管理者对下属员工做出承诺时，一定要考虑到是否和员工的意见一致。有时，管理者对实际的情况不够了解，就会做出很难兑现甚至无法兑现的承诺。因此，管理者应根据实际情况和工作需要来许诺，并且让员工们能认同这个承诺。做出承诺之后，管理者就应该努力去完成诺言，这是整个落实"承诺"工作方式的关键所在。只有能按时地完成自己所需要的承诺，员工和管理者之间才能建立起最起码的信任。在管理者很好地履行承诺之后，还要让员工公开宣布一下管理者已经履行承诺。否则就会让人以为管理者并没有很好地履行承诺，管理者就会失去员工的信任。一个不能履行承诺的管理者同样也很难获得企业的信任，承诺是维系利益双方信任的纽带，一个不能很好地落实承诺的管理者和员工之间的信任度很低，有时候甚至毫无信任可言，又怎么能够带领一个团队更好的发展呢？

管理者一定要做到言行一致，落实承诺，才能获得和员工之间的信任。一个缺乏信任的团队是没有发展的。管理者可以通过彼此之间的承诺把整个团队联系起来，以此来维系企业的正常运作。而一个能落实承诺的管理者则更能散发出一种领导者的魅力，同时管理者也能通过落实承诺提升自己的领导力，让员工能更信任自己，整个团队也会更加团结。

1835 年，美国有一家名叫伊特纳的火灾保险公司成立了。这家公司不要求入股的人马上缴纳现金，只需在名册上签上名字便能成为股东。当时，一个名叫摩根的人很穷，正在为没有资金的条件下如何获得利益而发愁。这家小保险公司正符合他的需要，他就报名当上了股东。

不凑巧的是，没过多久，在伊特纳火灾保险投保的一家客户不慎起了大火，灾情很严重。公司如果按照规定全部付清这家客户的赔偿金，那就意味着破产。消息一出，股东们很悲观失望，要求退还股金。面对困境，摩根没有动摇。他把信誉放在第一位，想方设法筹措资金，甚至将自己的住房卖掉。他还承诺把一些要求退股的股东的股份全部收购。这样终于使客户一分不少地得到了全部的赔偿金。摩根虽然当上了伊特纳火灾保险公司的老板，可已经两手空空，身无分文，公司面临着破产的危险。为了拯救公司，他只好硬着头皮对外做广告：客户如果再到伊特纳火灾保险公司投保，一律加倍收取保险金。但是，人们都非常信赖摩根恪守承诺的性格，于是前来投保的客户络绎不绝。

如今，摩根财团是世界上为数不多的巨型公司，有华尔街金融帝国主宰者之称。在摩根家族创业之初，面临困境的时候，就是因为努力落实承诺才获得信任，白手起家的。

摩根通过对客户的落实承诺，对其他股东的落实承诺，让人们看到了摩根性格中诚信的一面，于是人们都愿意跟摩根合作，摩根才把公司越做越大，最终成为了华尔街金融帝国的主宰者。

商鞅立木为信，曾子为儿杀猪。自古以来落实承诺的人都会受到尊敬。管理者要想在团队中获得绝对的信任，就必须落实自己的承诺。为了落实承诺而不断地努力，把每天的工作当作为了落实承诺而做，就会更有动力投入到工作中。另外，管理者在向员工许诺时，最好是在一个公开的环境下，这样会更加具有约束力。管理者最好还要和员工形成一种相互的承诺，这样就会增加和员工之间的信任。在承诺时，管理者还要把自己的承诺明确清晰，以免造成误解。在做出承诺之后要做的就是在互相信任的前提下努力落实自己的承诺。

管理者和员工之间以承诺建立信任是一种很好的工作方式。管理者也应该从自身下手，仔细计划统筹，慎重许诺，认真努力落实承诺。这样，才能和员工之间更加信任，最终实现管理者和员工通力合作，共同完成各项工作，为了共同利益而一起奋斗，以实现企业的真正腾飞。管理者自己的价值也会因落实承诺而得到体现。

第四章

团队管理：
打造属于你的"兄弟连"

团队是由员工和管理层组成的一个共同体，它合理利用每一个成员的知识和技能协同工作，解决问题，达到共同的目标。管理者在团队中起着领导和统筹的重要作用。只有经过管理者和员工互相协助，一起努力，才能打造拥有很高竞争力的属于自己的"兄弟连"。

《论语》中的健康组织定义

一个组织就像一个人一样，是由各个器官有机、互动、协调、统筹的整体。人只有在各个器官都保持健康的情况下才能很好地生活下去，组织也是一样，只有各个部分都健康、有生命力，才能够完美地运作。作为组织中的大脑——管理者必须加强对整个团队的统筹和计划能力，才能打造一支健康、有生命力的组织。

一个健康的组织，就包括创新的组织文化、正常的心理状态和成功的胜任特征三方面。《论语》是儒家最重要的经典，儒家管理思想在其中得到了充分的体现，其中就有很多体现一个健康的组织特征的言论。

1. 创新的组织文化

"温故而知新，可以为师矣。"（《论语·为政》）这里的"温故"指的是经常对过去的知识进行温习回顾，而"知新"是指要对新的知识进行学习，也就是创新。在一个团体里，创新是十分重要的一个部分。所以一个团队需要创新的组织文化。

比尔·休利特和戴维·帕卡德是两个被称为"车库里的孤独天才"的人。他们的创新能力都很强，但是总是在自己的小空间里释放自己的创新才华。当他们聚在一起时，就不再孤独了，两个人对彼此的支持与长期合作的默契促成了日后惠普公司的行业地位。所以，一个团队有了创新的文化和气氛才能保持整个团队的旺盛的生命力。没有创造力的团队就像是一潭死水，无论怎样努力，终究敌不过夏天的骄阳。

管理者要想创建起一个比较创新的组织文化，需要三个因素：第一，必须让团队成员懂得并且赞同组织的愿望和目标；第二，管理者必须清楚看到个人贡献是多么的独一无二，关系到创新团队文化的建立；第三，管理者必须鼓励组织成员的创新，营造一个创新的氛围。这三个因素就像是一张凳子的三条腿一样，缺了任何一条都会散架。可以看到，管理者要营造这种创新的组织文化氛围并不难，只要做到这些，一定可以把整个团队塑造成一个创新的、有战斗力的团队。

2. 正常的心理状态

在员工的工作中，维持一个正常的心理状态是非常重要的。正常的心理状态就是员工能够在心里对自己的工作有一个正确的认识，知道自己要做什么，并不讨厌自己的工作，在工作中能有很大的投入度。在组织中，维持一个正常的心理状态，才能够在工作中不被工作之外的东西所左右。孔子的一生颠沛流离，带着他的弟子们游离于各国，但是由于孔子这个管理者对弟子们心理的把握，使团队一直处于一种正常的心理状态。

孔子在周游列国时遇见了匡人甲士的包围，这些匡人甲士对孔子进行了人身威胁。弟子们都很害怕，孔子却说："文王既没，文不在兹乎？天之将丧斯文也，后死者不得与于斯文也；天之未丧斯文也，匡人其如予何！"（《论语·子罕》）孔子的意思是说，周文王死后，周代的礼乐文化不都体现在我身上吗？上天要想消灭这种文化，那我就不可能掌握这种文化；上天如果不消灭这种文化，那么匡人又能把我怎么办呢？在这种孔子本身都受到生命危险的情况下，却依然能保持一个良好的心理状态，安慰受到惊吓的众弟子们。弟子们受到孔子的鼓励，自然也不会那么害怕了。管理者也是一样，在工作中遇到什么不顺的时候，应该以身作则，像孔子一样鼓励和安慰员工，使员工不受到不良心态的影响。

无论是管理者还是员工，都是团队的一部分。管理者在一定程度上是整个团队的心态的引领者。因此，管理者一定要随时注意员工的心态变化，并且尽力把团队的心态调整到最佳状态。只有在团队的心理状态比较正常的情况下，整个团队才能激发自己的潜力，发挥出最大的能量。

3. 成功的胜任特征

胜任特征，是指能将工作中有卓越成就者和表现平平者区分开来的个人的潜在特征。《论语》中所提倡的"仁"的思想是中国自古以来的社会主流价值体系，甚至是古代选拔官员非常重要的胜任特征。

"子张问仁于孔子。孔子曰：'能行五者于天下，为仁矣。'请问之。曰：'恭、宽、信、敏、惠。恭则不侮，宽则得众，信则人任焉，敏则有功，惠则足以使人。'"（《论语·阳货》）意思是说子张问孔子什么是"仁"，孔子说能在天下行五德，就成了仁。子张问哪五德，孔子告诉他："恭、宽、信、敏、惠。"孔子在这里所说的"恭、宽、信、敏、惠"是指庄重、宽厚、诚信、勤敏、恩惠。从道德层面来看，这依然能够成为一个很成功的胜任特征。

成功的胜任特征是存在于员工的良好自我形象、积极向上的个人价值观、正确的工作动机和储备的知识技能中的。因此管理者更应该从团队成员的道德和才能的方面入手，准确地寻找出团队中每个成员的胜任特征，并且发挥出团队成员的这种胜任特征，最终才能出色地完成各项工作任务。

健康的组织是一个企业能够走得更远的前提，它的构建当然更加重要。团队的力量是很大的，管理者要从整个团队着眼，从心理、氛围性格、行为等方面着眼，把团队打造成一个有强大凝聚力、有生命力、有战斗力的团队。这样才能使企业获得利益，自己也会逐渐迈上一个新的台阶。

管理一个团队需要考虑的六大问题

团队的力量是很强大的，管理者管理好一个团队其实并不容易。但是，只要管理者清楚一个好的团队需要什么，从这些需求着手，通过一系列的措施，就一定能打造出一个优秀的团队。而这其中，就需要考虑沟通、协调、规划、决策、学习和统驭六大问题。

1. 沟通问题

为了了解团队内部员工的互动的状况，倾听职员心声，一个管理者需要具备良好的沟通能力。在和员工进行沟通时，首先要做的就是善于倾听。只有善于倾听，才不至于让下属员工离心离德，或者不敢提出建设性的提议与需求。除此之外，管理者还需要主动和属下员工进行沟通，及时地明白员工心中所想，这样才能准确地把握员工的心理需求，并根据员工的心理需求制定相应的管理措施，以相应地解决一些员工的心理需求，达到员工和管理者之间拉近距离、增加信任的目的。同时，管理者也可借由下属员工的认同感、理解程度及和管理者之间是否存在共鸣，得知自己的沟通技巧是否成功。

2. 协调问题

管理者管理的是一个团队，团队是由个体组成的。每一个个体都是相对独立的，情绪性格都不尽相同，所以，免不了会把一些偏激、消极、散漫、对同事或者管理者的不满等不良的情绪带入到工作中。这不仅会给自己的工作带来极坏的影响，还会使不良的情绪在整个团队中蔓延，导致整个团队没有一个很好的工作氛围。

管理者应该要敏锐地觉察到属下员工的情绪，并且建立疏通、宣泄的管道，以阻止不良情绪在员工之间传染。管理者切勿等到对立加深、矛盾扩大之后，才着手去处理和排解。此外，管理者对于情节严重的冲突或者有可能会扩大对立面、造成混乱的矛盾事件，一定要果断地加以排解。即使在情况不明、是非不清的情况下，也要及时地采取降温、冷却的手段，并在了解情况之后，立即以妥善、有效的策略巧妙化解。只要紧紧抓住团队中氛围的主导权，无论什么不良情绪和相互对立都能迎刃而解。管理者的协调能力直接决定着整个团队是否能同心协力完成工作，所以非常重要。

3. 规划问题

一个团队一定要有一个目标和方向，才能不使自己的努力白费。而这个目标和方向的制定者就是管理者。管理者必须要做好自己所管理团队的规划和统筹工作。

首先，管理者在做规划时不仅要着眼于短期的策略规划，还要制定一个比较长期的目标来进行战略规划。换言之，卓越的管理者既要着眼于细节，做好一个短期的计划和目标，也要深谋远虑，具有很好的统筹规划能力。管理者的计划一定要既看得到现在又看得到将来，经过仔细的调查研究制定出最正确的目标，并适时地让员工了解公司的远景，才不会让员工迷失方向。特别是在进行决策规划时，更要妥善运用管理者的统筹能力，有效地利用员工的智慧和既有资源，避免人力浪费。

4. 决策问题

一个团队一定要有一个独立决策的人，那就是管理者。管理者的决策包括分配工作的决策、战略方向的确定等，这就考验了管理者的决断能力。

一个团队管理者如果没有决断能力，就会使整个团队陷入一种无政府状态而难以控制。这样的团队是没有任何凝聚力的，更加不可能在工作中有很出色的表现。马化腾在腾讯建立之初就力排众议，强调自己必须拥有47%的股权，就是为了能让整个创业团队中有一个能够做最终决策的人。在马化腾出色的决策能力的管理下，腾讯成为了中国的IT巨头。若想自己的决策能落实下去，就需要管理者像马化腾一样拿出自己的魄力，敢于在适当的时候应用自己的权力，实行自己的正确的决策。这样才能保持一个团队的纪律性和正确的格局。

5. 学习问题

学习不仅包括管理者自身的学习，同时也包括引领员工学习，创造一个时刻学习着的团队工作氛围。

对于管理者来说，不断地积累经验和学习知识可以使他们在工作中遇到突发情况时能很好地处理，提高自己在员工心中的个人形象，还能给员工留下谦逊的形象，展现出一个管理者的魅力。同时，管理者还能通过学习与时代同步，做到与时俱进，接受先进的管理方式和管理理念，有助于管理者更加科学、更加顺应时代地投入到自己的工作中。

对于团队来说，学习也十分重要。团队的学习可以更好地丰富自己的专业技能，更好地投入到工作中，这对团队、对自己都有很积极的作用。学习型团队更是创新型团队的基础。

6. 统驭问题

有句话是这样说的："一个领袖不会去建立一个企业，但是他会建立一个组织来建立企业。"根据这个说法，当一个管理者的先决条件，就是要有能力建立团队，才能够进一步构建企业。而一个团队能够发挥出多大的力量，很大一部分是要看团队成员之间的信任程度。这也是管理者管理团队的统驭之道。

对于管理者来说，要想统驭好一个团队，首先就要建立与属下员工之间的信任。其次是赏罚分明，恩威并施，使员工们能感受到管理者对自己尊重的同时，又能够自觉地遵守企业的各项规章制度，并且有序地进行各项工作。统驭能力怎样在管理者身上得到体现很大程度上能影响这个团队能走多远。

管理者在管理中要时刻注意这六大问题，并用自己敏锐的眼睛来发现问题，用自己智慧的头脑来解决这些问题。虽然开始可能会觉得吃力，时间长了就会发现，这些问题其实也不难处理，自己的管理者能力也会越来越高，管理的团队的质量也会越来越好。

管理中的团队与个人

一滴水，要怎样才不会让它蒸发？最好的办法就是把它放在大海中。在企业中也是一样，一个人再出色，也必须把他放在团队中，才能体现出他最好的一面，发挥出他最大的力量。俗话说，没有完美的个人，只有完美的团队。团队是由个人组成的集合体，团队成员互帮互助，协同工作，解决问题，为达到一个共同的目标而不断奋斗。一个团队有多大的影响力和工作能力，这个团队的存在价值就有多大。有优秀的团队，就有优秀的个体，团队的价值越大，个体的价值也就越大。

在一个优秀的管理体系中，管理者的表现能够很好地诠释团队与个人的关系。很多优秀的管理者都能够认识到个人之于团队的重要性，因此，他们经常把个人价值放在团队中衡量。管理者要弄清楚自己与团队之间的紧密关系，然后巧妙地利用这种关系。经过团队的力量获得成功，自己的个人价值也会得到充分的体现。优秀的管理体系中团队与个人之间的关系大致可以归为两条：团队的成功要依靠个人的努力，个人的价值是建立在团队的基础上的。

1. 团队的成功依靠个人的努力

所谓团队，其实就是个人的集合体，个人是构成团队的最核心的力量，团队目标要通过个人的具体操作才能得以实现。在企业团队中，任何一个员工的利益其实都是和其他人的利益绑在一起的。所以，只有每个成员都一起朝着共同的目标努力，才能真正实现自己的成功，也就是团队的成功。

个人的努力决定着整个团队的成败，团队的成绩也是个人协调工作的结果。个人在认识团队、适应团队、改变团队的能力，以及团队发展的现有水平与未来趋势对个人素质的要求之间有着不小差异，每个团队成员的教育背景、经历、观点、性格等也都各不一样，这就需要管理者经过合适的统筹，使个人的发展和团队的发展保持一致性，各个成员在团队里时刻保持愉快合作的状态，保持有效友善的沟通，以他人之长补自己之短，时刻保持谦虚的学习心态，就一定能够打造出一个完美的团队。

在索尼公司，每一个员工都是索尼公司的一份子，他们都能够发表自己独特的观点，但是，又强调员工之间要像在一个家庭中生活一样互相协调、配合。公司的每一位员工由于受到充分的尊重，才华才得到充分的发挥。成功的团队就是像索尼公司这样，能充分尊重员工，员工才会真正愿意为企业工作。有了个人的努力，整个团队才会成功。

2. 在团队工作中体现个人价值

很多员工，甚至管理者担心自己的努力在团队的巨大成功之下显得微不足道，自己的个人价值很难体现出来。其实大可不必担心，因为一般来说，个人的价值往往也都体现在团队工作中。

一个人，无论他在团队中担任的是什么角色，一旦融入了团队中，就不得不受到团队的影响，如工作方式、工作技巧和团队成员之间的竞争等，这些因素都可能成为团队成员体现自己个人价值的推动力。因为如果他不努力，就会被淘汰。团队有了一个正确的目标，个人的前进方向就不会歪曲或不会太歪曲，因为每一个团队成员都在盯着，若是做得不好，就会得到一些批评和质疑。

作为管理者，在团队中受到的这个影响就会更大。这就需要管理者营造一种认真的气氛，使团队中的每一位成员都保持一个细心的态度，确保在自己手上不会出现非常严重的失误，更好的当然是没有失误。当企业认为你可以很好地带领团队完成工作任务，而你又能很高效地完成任务，这样，管理者的个人价值就得到了很好的展现。

总的来说，在团队中，管理者要做的就是做好自己应该做的，然后再思进取，在工作中总结经验，把好的想法和管理方式积极地保留下来，不好的及时抛掉。这样，管理者就能不断地成长，不断地完善自我，个人价值当然也会不断地得到提高。

1985 年，史蒂夫·乔布斯在苹果公司内部与斯卡利的权力斗争中失败，愤然离开了苹果公司。他创立了 NeXT 电脑公司，企图与苹果竞争。纵然乔布斯是一个众所周知的不世天才，但是离开了苹果的优秀团队，也独木难行，最终败给了苹果。NeXT 的硬件业务亏损严重，只剩下了软件业务（操作系统）与苹果抗衡（当时还没有微软）。苹果公司却也因为乔布斯的出走而变得缺少创新，每况愈下，连换了 3 个 CEO 都无法摆脱破产危机。最后，苹果甚至考虑采用微软的 Windows 系统，只不过把 Windows 系统美化一下使之更像一个 Mac。乔布斯知道后立即找到苹果，希望苹果采用自己的 NeXT 操作系统。再加上苹果高层也纷纷要求乔布斯重回苹果。最终苹果以收购 NeXT 的方式使乔布斯回归苹果。乔布斯一回到苹果就出任临时 CEO，并于 2001 年推出了革命性的产品——iPod。苹果重新成为了世界上最有创新精神的企业，乔布斯也被苹果授予永久 CEO 的称号。

可以看到，乔布斯在离开了苹果的优秀团队之后并没有获得成功，苹果公司也受到重创。而乔布斯重回苹果后，却使苹果和自己都取得了巨大的成功。所以说，个人的力量再大，也没有团队的力量大。个人的价值可以在团队工作中体现，团队的成功也需要个人的努力支持，两者缺一不可，息息相关。管理者只有通过自己的工作让每个团队成员都能够为一个目标奋斗，无论是团队还是个人，都一定能获得成功。

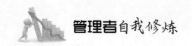

有好员工不等于有好团队

什么是好员工，好员工就是能非常高效地完成各项工作的员工。管理者当然需要这样的员工，但是，由这样的优秀员工组成的团队就是一个好团队吗？这就不一定了。

一般来说，一个优秀的团队有以下特征：工作效率高；团队内部每个成员团结一致；团队里每个成员都对企业规章制度严格执行；团队里每个成员都具有责任心；有一个良好的工作氛围；团队成员之间互相尊重、互相信任；团队成员之间能互相沟通；管理者虚心接受意见和建议；有一定的创新能力。这些条件缺一不可，所以说，由优秀的员工组成的团队并不一定是一个优秀的团队，而不是由最优秀的员工组成的团队却有可能更加具有竞争力。

好员工是指在工作上非常能干的人。但是对于一个团队来说，仅仅是工作上的能手是不够的，因为企业要求的是发挥团队的力量。一个团队需要管理者的统筹和协调，以及团队成员共同努力，才能发挥出团队最大的力量。从这个角度看，团队中某一个成员的优秀其实并不能起到很大的作用。

俗话说"一花开放不是春，众花开放春满园"，优秀的员工要在管理者的统筹下同心协力，才能成为一支有竞争力的、生产效率高的团队。成功的团队都应该是一个和谐的团队，都以共同的价值取向为基础，以深厚的感情氛围为纽带，以统一的战略目标为动力，才能产生强大的凝聚力和向心力。拥有优秀的员工固然重要，但是要把优秀的员工的能力多多体现在团队的合作中，才能更好地为企业提供帮助。

除了需要管理者的统筹能力，还需要管理者一定的协调能力。一般优秀的员工在工作能力上毫无争议，但是在个人性格上就可能存在一些问题，很可能在工作中会出现一些不良情绪或者产生矛盾，这就需要管理者在其中协调团队中成员之间的氛围，争取在团队中营造积极向上、努力共赢的气氛，防止不良的情绪在团队中蔓延，影响到其他员工而造成工作进度缓慢，不能很好地完成各项工作。

2004 年 NBA 总决赛是洛杉矶湖人队对阵底特律活塞队。每个人都以为肯定是洛杉矶湖人队会取胜而获得冠军。人们这么想是有原因的，湖人队的阵容确实豪华，拥有沙奎尔·奥尼尔、科比·布莱恩特、卡尔·马龙和拉里·佩顿等顶级球员的参与。他们的主教练是曾经执导乔丹获得两次三连冠的菲尔·杰克逊。这样豪华的阵容配置，相信没有人会认为冠军头衔会旁落他人。而反观活塞队，根本没有一个球员能称为顶级巨星，其中最好的球员本·华莱士也只是一个默默无闻的防守型球员。可是，决赛开始后事情却没有像人们想象的那样发展。湖人队的巨星们各自为政，根本就没有团队合作可言，即使是主教练苦口婆心地劝诫，这些巨星们依然没有什么起色。反观活塞队，队员们之间却配合得相当默契，打得越来越好，球员们和教练互相信任，相互合作。最终，他们齐心协力，打败了强大的湖人队，举起了奥布莱恩杯，夺得了 2004 年的 NBA 总冠军。

湖人队就是一个拥有众多优秀员工的团队，但是却不懂得团队合作，成员之间互相猜忌，作为管理者的主教练也没有及时解决这些问题。这些矛盾在决赛中得到了激化，最终导致了一群优秀成员组成的团队惨遭失败。可以说，湖人队的球员是好球员，可是组成的团队却不是一个好团队。而活塞队的成员只是一群天赋平平、并不起眼的球员，可是经过他们的互相合作，不断努力，再加上主教练制定正确的战术，细心地统筹，他们成功地打败了湖人队，获得了冠军。所以，活塞队虽然成员并不是最好的，但是活塞队整个团队却是成功的。

员工的能力虽然重要，但是并不是决定团队力量和工作效率的唯一因素。员工能力突出，所在团队却遭遇失败的例子有很多。所以，有好的员工不等于就有一个好的团队。要造就一个好的团队，不仅需要有好的员工，还需要员工之间能够沟通、合作，需要企业里有一个良好的工作氛围，还需要管理者制定战略目标，统筹整个团队。从这儿可以看出，员工的个人素质只是决定一个团队是否优秀的众多因素当中的一个，并不是决定一个团队优秀与否的唯一标准。

一个管理者要创建一个优秀的团队，需要考虑很多的因素，绝不能仅仅根据员工素质的好坏就给一个团队下定论。因此，管理者还应该从大局利益出发，从大处着眼，不仅要招募优秀的员工加入，还要从各方面去满足一个优秀团队的必备条件。只有这样，才能建立起一个有凝聚力的、有竞争力的团队。有了这样的团队，当然就能更加轻松地完成各项工作，企业也就能有更加健康地发展。

团队协作的五大障碍

现代社会，越来越多的人意识到了团队协作的重要性，随之而来也有了许多的名言警句来描述团队协作的重要性。如"人心齐，泰山移""众人拾柴火焰高"等。但是在企业中真正涉及的团队合作却并不是一件简单的事情，往往会遇到一些障碍。作为团队的管理者，当然应该从大处出发，仔细发现这些障碍的原因所在，从根源出发，解决这些障碍，建造一个健康的团队。

1. 缺乏信任

信任是一个团队能协同合作的基础，员工与员工之间、员工与管理者之间都应该建立起一种信任，只有建立起信任的团队才能一起合作完成各项工作任务。但是，个人英雄主义、团队成员之间的相互竞争和对他人能力的不认同都会使团队成员之间缺乏信任。这就需要管理者建立起一个能够相互信任的氛围。

一个团队之中存在不信任，团队成员会有一些表现，比如隐藏自己的弱点和错误、轻易地对别人下结论、不愿意承认别人的技术和能力、对别人总是抱怨、不愿意帮助别人也不愿意接受别人的帮助、惧怕开会等。当出现这些现象时，管理者就应该注意团队里是否存在信任问题了。

当出现信任问题时，管理者就应该根据每个团队成员的不同性格和背景采取不同的措施。首先要做的就是主动降低自己的姿态，和员工处在一个平等的平台上沟通，要先让团队员工感受到管理者的信任。其次根据沟通后得到的信息进行分析，得出团队中存在信任问题的原因。最后再根据不同的原因，找到这种不信任的根源，找到员工之间的共同利益，并通过有效的措施使员工为这一共同利益而奋斗。这样，就能在团队之中重建信任。

2. 惧怕冲突

这里的冲突体现在团队的工作中往往是一种争论，这种争论在企业中是有必要的。因为只有经过不同意见的碰撞，才能有利于一个好的建议的提出。惧怕冲突往往表现为一个团队始终都表现得一团和气，特别是开会的时候，没有争论，没有冲突。如果这种一团和气是表现为大家为共同目标达成一致建议，这种和气是提倡的，但真实情况往往不是如此，大家有意见但是因为怕得罪别人而不愿意说。表面上看好像是达成了一致意见，但是到了执行的时候就出现各种问题，失败的时候又互相指责。这显然是不利于企业的发展和团队成员的成长的。

为了让一个团队能有一个健康的交流环境，管理者要让每个员工都明白一件事：适当的意见冲突并不是坏事。管理者可以召开一些有趣的、活跃的会议，以此来激发员工们互相交流、敢于说出自己意见的热情。管理者还要宽容，容许员工们提出各种不同的意见。同时，还要把员工们的不同意见集合讨论，找出最好的方法去实行。

3. 欠缺投入

欠缺投入就是指员工在做决策的时候不能达成共识，结果是做出模棱两可的决策。一个员工如果真正把自己的精力投入到工作角色中时，就会有很清晰的责任和观点，并且会把它完全地表达出来。这样才能通过阐明自己的观点，并努力地达成共识，及时地做出决策。若是团队成员欠缺投入，就会使团队中的指令和主要工作任务很模糊，任何事情都表现得模棱两可，即使反复地讨论也无法做出一个决定。甚至有时候做出决定后还会对决定质疑。

管理者要明白，每个员工都是不同的，管理者的决策不可能照顾得到每一个员工。这个世界上没有绝对的一致。管理者要和员工们统一口径，和员工一起确定工作目的，并给自己的工作定下最终期限。在确定决策时，要做到对意外和不利情况仔细分析，根据得出的结论确定一个比较有针对性的决策。

4. 逃避责任

很多员工在工作时并不给自己定下一个很高的标准，这就是一种逃避责任的表现。因为员工不想承担责任，所以就给自己定下很低的标准，很容易达到。这种逃避责任还表现在对其他的团队成员不负责，当团队的成员出现错误时不会提出来，当团队成员遇到困难需要帮助时也不会伸出援手。这样整个团队的效率就会很低下，成员之间没有协作。这是一种很危险的情况，害怕承担责任的团队无论做什么事都缩手缩脚，又怎么能做出很出色的工作成果呢？

管理者需要改进自己的管理方式来避免这些事情的发生。管理者首先要从自己做起，做一个负责任的管理者，才能上行下效，给团队带来正面的影响。其次，管理者还要公布一段时间内的工作目标和标准，这样有些逃避责任的员工就不能用降低标准的方式来逃避责任。最后，管理者还可以通过嘉奖和干预的方式提升员工的整体责任感。

5. 无视结果

团队成员无视结果最常见的表现就是个人英雄主义膨胀。不管团队的绩效好不好，只要自己表现出色，有炫耀的资本就好了。个人英雄主义膨胀的团队注定是无法长时间存在的。每个人都急着表现自己，就会很容易忘记团队的力量。只顾自己的职业前途和目的的行为是一种自私的行为。这样的员工虽然个人成绩耀眼，但是企业需要的是团队的成绩，所以这样的员工也注定要被淘汰。

个人英雄主义情结是每个人都有的，但是表现的点要注意。在表现自己个人英雄主义的时候应该考虑到整个团队的利益。管理者要创造一种能够让员工把自己的精力放在团队的利益上的团队精神，这样才能塑造一支凝聚力强、不会轻易解体的团队。

只要管理者能保持一种认真的态度，恩威并施，在工作中不断地观察、学习，一定能找到属于自己的解决这些障碍的办法，使企业在一个健康的轨道上发展，自己也能因此获得应有的成功。

信任是团队最强大的凝聚力

能够拥有一支有效的精英团队是每一家企业、公司的梦想，但是，精英人物的简单相加有时并不等于一支有效的执行团队，甚至还会朝自己不希望的方向发展。而信任，是维系员工与企业之间、员工与管理者之间的一条纽带，它具有化腐朽为神奇的力量，它能够使团队凝聚出高于个人力量的团队智慧，造就不可思议的团队绩效。

长期以来，经济学家都认为人们合作的动机是建立在私利的基础上的，如果没有个人利益，根本就谈不上合作。一个由琳达·卡普洛领导的调查机构曾经用这样的问题调查：人们可以没有任何动机地去合作吗？答案却是肯定的。在适当的情况下，人们会因为团队成员之间的信任为动机去合作。

对经济学家们来说，这是令人震惊的答案。但是，对于一个成功的团队里的成员来说却一点都不稀奇。人与人之间只有通过信任才能为一个目标一起奋斗。一个伟大的团队，它的成员往往眼中无"我"，只有"团队"。因此，作为团队中的管理者，就应该尽量地在员工之间建立起一种信任，同时也要在管理者和员工之间建立起信任。因为只有互相信任，才能增强团队的凝聚力。一个有凝聚力的团队才更有力量，更加具有竞争力。

信任是一个团队最强大的凝聚力，也是一个优秀团队的基石。在团队中，信任就是把团队成员聚在一起的黏合剂，能鼓励团队成员们在团队中作出诚实的反馈。坦诚产生信任，因为开诚布公地表明观点可以使得团队成员们的意见或建议得以表达而不是隐瞒。在商业竞争中，信任是非常重要的因素。一个团队中若是没有信任，是很难产生有效的合作的。

韦氏词典中对"信任"的定义是："对个人的品格、能力和实力的确凿的依靠。"当今越来越多的管理者认为在竞争社会生存的关键因素之一就是信任。在任何的人际关系中，信任都是至关重要的基础，因为没有信任的关系并不能称为是一种真正的关系。即使团队中的每个个体都非常完美，不存在信任的话这个团队也不是一个有效的团队。调查显示，信任是建立一个健康的工作环境和工作氛围的基础。信任一旦建立，管理者将会有更多更好的机会完成工作任务。而一个存在信任的团队，可以轻松地完成各项工作。

在建立一个信任型的团队过程中，管理者处在一个特殊且重要的地位。首先，管理者和员工之间的信任是前提，只有管理者和员工之间建立起了良好的信任，员工才会愿意为企业真心实意地工作。很难想象，一个团队中的管理者和员工之间不存在丝毫信任却能一起通力合作完成工作任务。其次，就是员工和员工之间的互相信任，只有员工与员工之间能互相信任，才能通力合作，增加团队的凝聚力，共同完成各项工作。

要建立起信任来并不容易，而建立起来的信任还往往也是十分脆弱的。因为人都有一种想让自己突出的个人情结，再加上团队中的成员之间也会存在竞争，所以建立起来的信任很容易就会被一些微不足道的小事所摧毁。

春秋时期，孔子带领众弟子周游列国，其中颜回是孔子最得意的门生。有一次，孔子和弟子们被困于陈蔡之间七天没有吃饭，颜回好不容易找到一点粮米，便赶紧埋锅造饭，米饭将熟之际，孔子闻香抬头，恰好看见颜回正在用手抓出米饭送入口中。一会儿，颜回请孔子吃饭，孔子假装说："我刚刚梦到了我父亲，想用这干净的米饭祭拜他。"颜回听了赶紧回答他："不行不行，这饭并不干净！刚才烧饭时有些烟尘掉入了锅中，弃之可惜，我就抓出来吃掉了。"孔子这才知道颜回并不是偷吃饭，心中很感慨，就对众弟子说："所信者目也，而目犹不可信；所恃者心也，而心犹不足恃。弟子记之，知人固不易矣！"（《吕氏春秋》）

以孔子的贤德，面对颜回这样的贤徒，又是他最得意的弟子，仍然不能做到"不疑"，试想一下，在企业中，又有多少的管理者能够像孔子一样了解他的下属？又有多少员工的修养能比拟颜回？所以说，信任是非常容易破碎的。也正是因为信任这么容易破碎，建立起来才会如此的艰难，以至于有些企业的高层团队从来不会得到更深的扩展。这时，就需要建立更深层次的信任才会获得成功。

一个在大学生中进行的试验指出，信任对团队的贡献是间接的，并不是直接的。比较基本的信任在这种间接的作用下很快就会淡化，甚至破碎。只有建立高层次的信任才能使一个团队真正凝结成一个整体，发挥巨大的作用。在这种情况下，才会出现相互相信对方的判断、对管理者决策的绝对执行、同事之间机密信息共享、能共同承担风险等成功特征。在信任度较高的团队中，可以激励转化为共同努力，从而产生较高的绩效。在信任度低的团队中，激励就只能转化为个人努力。

加拿大西蒙弗雷泽大学助理教授库托·迪克斯曾经研究过信任对一支篮球队的影响，在调查了三十支球队后，他确认在成功的球队中，队员们更加倾向于信任他们的教练。可见信任对于一个团队而言多么重要。一个管理者的领导力绝不可能体现在一个毫无信任的团队当中。想要维持一个团队中信任的工作环境，最好的办法就是防止有伤害到信任的事情发生。因此，管理者的正直和公正是至关重要的，与下属员工的坦率沟通和高透明度同样必不可少。只有这样，才能创建出一个有凝聚力的团队。

提升团队综合能力的三个关键词

在企业中，一支好的团队不是偶然诞生的，只有通过不断的锤炼和管理者的精心培养，才能形成一支有灵魂的队伍。团队建设最重要的是要打造一个团队的精神，这种精神可以影响到团队的每一个成员，使他们能认真负责地完成自己的各项工作。一个团队只有塑造这种精神，才能凝聚成一股核心的力量，这就是一个团队的灵魂。最好的团队是让团队的每一个成员感到工作最好的地方就是处于团队之中，每个成员都能够尽忠职守，各司其职。管理者需要创造出一种氛围，让团队中的成员都能感到自己的发展与团队整体的发展是密切相关、不可分离的鱼水关系。

企业的发展需要企业每个成员一起团结协作，体现团体力量和价值才能够制造出"先进"和"优秀"。一个企业的综合能力，来源于团队的建设能力。要想提升团队综合能力，管理者应该注意三个关键词：目标、机制和创新。

1. 优秀团队的构建，需要一个准确的目标定位

对一个团队来说，管理者对目标的定位对团队的管理和发展都具有很大的影响。打一个不恰当的比方，有一句话是这么说的："有志者立长志，无志者常立志。"这里说的"志"我们可以借喻为管理者对团队的目标定位，而其中的"者"则可以理解为管理者带领的团队。一个团队的发展是需要有目标定位的，但是目标不可过多，"凡事都不可有过高、过多的欲望，否则什么也得不到"说的就是这个道理。

在团队的管理中，大多数时候，很多目标是互相冲突的，作为团队的管理者，要清楚自己想要的核心究竟是什么，也就是团队将来的发展方向、战略定位是什么，然后紧紧围绕这一大的目标做出相应的管理政策。除此之外，团队管理者在进行目标定位时，还得考虑到目标的时间性和阶段性。在制定目标时，一定要同时给这个目标规定上一个准确的时间，这样，这个目标才具有一定的约束力。在不同的时间段里，目标的完成程度是不同的，这就需要管理者对时间段的计划。

优秀的团队需要一个准确的目标定位。这对企业、对管理者而言都是至关重要的，有一个正确的目标定位，团队才会有一个正确的方向。

2. 管理机制对团队发展的重要作用

在一个团队中，管理机制的制定往往起着非常重要的作用。一个完善的管理机制能让企业员工更加高效地工作。一般来说，管理机制分为奖惩机制和考勤机制两个方面。对于员工来说，薪酬是最好的激励手段之一，管理者要改变传统的薪资设计理念，要确保薪资与工作绩效挂钩。当然，薪酬激励要本着稳定、务实、高效的原则，要在现行机制的基础上充分结合团队自身实际，针对不同岗位、不同人员、不同业绩，灵活制定相关考核标准和激励措施，最大限度地调动员工的工作积极性，增强团队综合素质和整体实力；要给予团队每个成员向上发展、综合发展的空间，通过晋升合理推动竞争，并依靠行之有效的奖惩办法推动竞争的良性开展，好的要有褒奖，不好的要有惩罚，使团队成员在竞争中感到压力而努力追求上进，感到自信而继续努力。

合适的考勤机制也同样是能够提高团队工作效率的管理机制之一。

在北京中关村，百度一直是上班最晚的公司之一。百度大厦旁边的公司里，员工都是按时上下班。但是百度公司到上午10点钟，办公室里还是稀稀拉拉的几个人。在外人看来，百度是一个没有打卡考勤制度的松散企业。但是百度创始人李彦宏并不这么认为，他认为任务性的管理机制比传统的考勤制度更加高效。他让每个部门都向上级递交自己的完成任务计划书，按计划行事，这就给了员工很大的自由。李彦宏正试图将百度打造成"系统性"更强健的公司，他在《永续基业》里表示："一个企业能否真正成功，不能因个别领导人的去留给企业造成影响，这就需要一套完善的管理机制。"李彦宏用更加先进的考勤机制给公司带来了更加高效的业绩，这个看似松散的企业竟能创造10年千倍增长的奇迹。

只是因为改变了一下考勤机制，就给百度带来了如此巨大的变化，管理机制的重要性可见一斑。管理者一定要根据自己企业的宏观要求，制定最适合自己团队发展的管理机制，并严格执行，这样才能保证团队长期运作下去。

3. 创新是团队拥有活力的原因

一个团队，要想长期生存下去，就要做到与时俱进，常有常新。因此，创新是一个团队能长期保持活力的原因。而一个创新型的团队离不开管理者的作用，在强调创新的团队中，管理者必须是一个热爱创新的人，是一个喜欢听到新想法的人，是一个围绕创意和以解决问题为中心的人，是一个喜欢挑战他人想法并不断分享自己想法的人。在这个前提下，团队管理者创造了一个比较宽松的工作气氛，与大家平等相处，鼓励不同意见的人充分表达，把犯错误视为理所应当，并对所有创意的想法和建议给予精神和物质支持。

团队的创新在很大程度上依赖于管理者对创新的支持以及由此形成的团队创新气氛。由此可见，从团队到创新之间有一道很宽的鸿沟，而团队的管理者，就是跨越这道鸿沟的桥梁。

一个企业想要提升团队的综合能力，团队的管理者在这其中扮演着重要的角色。只有管理者对团队、对企业的发展有着深刻的了解，才能真正地做好对团队的目标、机制和创新的工作，才能成为一名成功的管理者。

管好团队的三个因素

一个健康、有凝聚力、有效率的团队是经过管理者精心统筹经营、员工合作努力的结果。而维持一个好的团队持续有效地运作下去也并不是一件容易的事情。在一个团队中，我们应该注意三个因素：集体、同事和部属。管理者只有时常注意这三个因素，才能使一个团队能够很长时间维持在一个很好的状态，给企业提供稳定发展的动力。

1. 集体的力量是巨大的

每个人都是身在集体中的，只有集体发挥出它的力量，才能让企业健康、茁壮地发展。管理者要想更大地发挥出集体的作用，必须从大处着眼，注重集体中的相互配合，用最大的热情保质保量地完成各项工作任务。

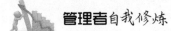
在企业的运作中，集体始终都占据着非常特殊且重要的地位。首先，一个企业本身就是一个大的集体，而这个大的集体又是由许多个小的集体组成的。集体最基本的组成部分就是员工，员工之间互相配合，才能造就集体的成功。小集体之间互相配合，才能造就大集体也就是企业的成功。因此，管理者就需要统筹集体中的各个力量，把这些力量集合起来，就是一股很大的力量。

一个集体要想发挥出很大的力量，需要员工们全心全意、精诚合作。这仅仅靠员工是不够的，也需要管理者的努力。首先，管理者应该向每一个员工解释集体合作的重要性，并说明每一个员工的具体工作；其次，管理者要及时发现并摒弃集体中存在的恶性竞争，使员工所得的利益合理化；再次，管理者要在员工与员工之间、员工和管理者之间建立信任，使集体内部的每一个成员都能通力合作；最后，管理者要建立一个合适的赏罚制度，以此来约束和激励员工们的工作。

集体是管理者管好团队的一个很重要的因素，也是关键所在。管理者必须认识集体，注重集体的力量，才能助力企业发展。

2. 建立良好的同事关系

管理者和同事的关系是管理者需要注意的因素之一。当今社会，职场中的"抱团"现象已经成为商业世界无法回避的潜规则，合理地利用这一规则，能促使工作更为圆满顺利地完成。在企业中，管理者和同事没有一个良好的关系是注定要被孤立的，这样，即使管理者的团队能出色地完成工作，也会由于与同事关系不好的原因而使企业看不到管理者和其团队的成绩。

管理者要建立良好的同事关系，需要两个条件：一是管理者必须搞清企业里的同事谁是关键人物，与之建立伙伴关系。在企业中，职场的权力之争是很常见的，若是与其他同事关系不好或者交好的同事没有话语权，就很容易成为权力斗争的牺牲品。若是交好的同事中有关键人物，就会在权力斗争中从容得多。二是与同事建立协作关系。在同事面前，既不能闷声不响，也不能太锋芒毕露，不能让同事怀疑你的能力，也不能因为才华的显露而遭遇妒忌，还要尊重同事彼此间的兴趣爱好。这样，管理者才能和同事之间产生信任，进行协作。

做一个受欢迎的管理者并不是一件容易的事情，只有不断地在职场中积累经验，不断地学习，把优秀的个人素养很自然、本能地带到工作岗位上，在岗位上以一种平和、积极的心态对待工作和同事。在和同事的交往中把握好人际关系的细节，掌握好与同事交往的"度"，就一定能和同事建立良好的同事关系。

3. 充分发挥部属的作用

对管理者而言，部属是自己的决策和措施具体的执行者，在整个企业管理中扮演着重要的角色。管理者应该在工作中多多善待部属，尊重部属，部属才能和管理者之间产生信任，共同完成各项工作任务。

三国时期，蜀国的诸葛亮北伐时病死于五丈原，他死后任用蒋琬主持朝政。他的部属有一个叫杨戏的，性格孤僻，讷于言语。蒋琬与他说话，他也往往只是只应不答。有的人看不惯，就在蒋琬面前嘀咕说："杨戏这个人竟敢对您如此怠慢，太不像话了！"蒋琬坦然一笑，说道："人嘛，各人都有各人的脾气性格。让杨戏当面说一些赞扬我的话，那可不是他做得出来的；让他当着众人的面说我的不是，他又觉得我会下不来台。所以，他只有默不作声了。其实，这也是他为人的可贵之处呀！"别人听了这件事都很佩服蒋琬，纷纷称赞他"宰相肚里能撑船"。

蒋琬对部属宽容和理解的行为得到了大家的尊重，这样的管理者当然能深得部属的心，使部属能全心全意地为自己工作。在工作中，员工难免会出现一些错误和瑕疵，管理者这时就应该照顾到员工的自尊心和情绪，对员工进行适当的鼓励。但是也不能对员工的错误和瑕疵进行掩盖，而是应该根据错误对员工做出善意的引导，使员工能自己改正自己的缺点。这样的管理者才是一个负责任的管理者。除此之外，管理者还要学会和部属进行沟通，在沟通中随时了解员工的心理状态、工作环境的满意程度、工作的效率等情况，在沟通中和部属建立信任，拉近距离。同时，在沟通中管理者还能强调团队的共同利益，让部属能有一个清醒的认识，使之能和管理者一起为一个共同的工作目标而奋斗。

管理者必须敞开胸怀去接纳部属，让他们早日进入空间，真诚地指正他们的不足，真心地关心他们的生活，让他们和企业一起成长。这是企业最大的财富，也是管理者能在团队的作用下不断增加领导力、不断成长的法宝。

无论企业是大是小、是什么性质，管理者只要注意这三个因素，并在工作中把着重点放到这三个因素上，就一定能获得成功。最重要的是，管理者需要具有博大的胸襟，这样才不会骄傲，才不会因自己在团队中的特殊地位而自满。只要拥有宽容的性格、睿智的头脑和长远的眼光，就一定可以找到一片能快速发展的天空。

第五章

管人艺术：
能人、庸人和亲人

　　管人，是管理学的核心，也是管理者工作中最具体的部分。员工的性格各有不同，这就需要管理者用不同的管理方式进行管理工作。在自己的下属中，能人要重用，庸人要培养，亲人要慎用。无论是能人、庸人还是亲人，只要管理者管理得当，只要能助力企业的发展，都能成为优秀的员工！

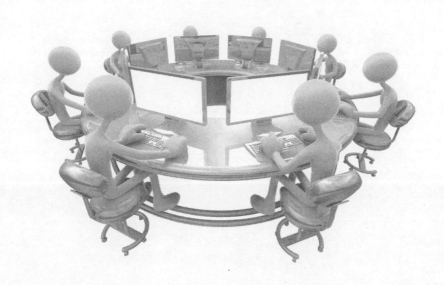

人才管理："用人" > "管人"

任何一家企业为了管好人，都制定了一整套管理制度，但是，"管好人"是否就等于"用好人"呢？各种管理模式的实施，确实给企业带来了环境整洁的企业景观和不断提高的企业效益，但是，人在重重的管理之下，"自由度"就会越来越小，工作只是简单的工作经验的反复使用。满足于既得利益的员工就很能适应这种模式，成为这种模式下的宠儿；而不满足于个人价值现状、追求个人价值最大化的员工，就会对这种画地为牢的管理模式非常反感，在这种状态下工作自然不会让他们满意，结果只能是被炒鱿鱼或者主动跳槽。

由此看来，"管人"并不代表"用人"。企业实施各种管理模式的本意就是"用好人"，显然，片面地追求约束性的管理就会忽略一个人在轻松环境里更能激发潜能的可能性，失去了"用人"的机会。对企业来说，"用人"比"管人"更为重要。AYM管理模式中的人才管理就能做到"用人" > "管人"。

对于任何企业来说，"用好人"都比"管好人"更加重要。管理者与其用一些比较硬性的方式去规定下属员工去做什么，不如用一些更加人性化的管理方式去看员工能做什么，然后再根据员工所擅长的工作做具体安排。这样就能让员工最大限度地发挥自己的能力，给团队带来更多的帮助。

对于管理者来说，如果一个企业在很长时间没有很出彩的员工，原因就可能是企业自身没有创造出适合员工发挥其聪明才智的环境以及在用人上存在求全责备的心理。也就是"管人"有余而"用人"不足，"管"的目的与结果出现了很大的差异，这也是管理者与被管理者之间的矛盾的具体化。管理者制定的人事管理制度，在约束和规范人们行为的同时，更应该成为激励人们奋发上进的一种机制。

"贞观之治"是中国封建王朝历史上非常辉煌的一笔，它的领导者就是著名的皇帝唐太宗李世民。在唐太宗时期，对于大臣并没有太多的约束，而是提倡他能最大限度地展现出自己的能力。李世民为了创造一个良好的氛围，提拔了魏征、张九龄等富有胆量和远见的贤臣。在李世民比较宽松的管理制度下，很多人才没有受到约束，都发挥出了自己的聪明才干，为"贞观之治"局面的形成提供了人才的基础。有人统计，在唐太宗时期，像杜如晦、长孙无忌、尉迟敬德这样的名臣竟然多达200多位，这也反映了李世民英明的管理策略。

李世民的比较宽松的管理策略使他得到了大量的人才。若是李世民用比较有压迫性的管理制度去规范这些名臣，这些名臣也不可能涌现出来，也就更不可能有"贞观之治"这样的盛世局面了。李世民"用人" > "管人"的管理策略成就了他自己，也成就了那些名臣。

有些企业的管理制度已经形成，那么管理者应该怎样做到真正的用人呢？

1. 制定宽松的管理制度

管理者要想改变太过死板的管理制度，首先要做的就是改变原来制度中的一些无关紧要的约束性条款，使制度本身变得更加宽松，并留下修改制度的余地。

当员工们明白制度不是永久的约束性条款，就会根据工作当中的实际情况对管理者提出修改建议。管理者就可以在员工普遍接受和适应制度约束的范围内适当地减少惩罚性的条款，增加激励性的内容。这样，员工们就会受到鼓舞而更加容易激发自己的工作潜能，发挥更大的能量。

2. 增加工作的趣味性

索然无味、不停重复的工作内容很容易引起员工的厌烦，从而限制员工潜力的激发。管理者可以将枯燥乏味的工作技能、熟练程度的提高和喜闻乐见的娱乐活动相结合，比如开展工作技能表演、技术擂台比赛等，激发员工对工作的极大兴趣。在娱乐性活动中，让员工体现自我价值，促进技能素质的提高。

3. 增加员工的参与感

管理者可以将福利活动、社会公益活动、企业文化活动等一些工作以外的文化活动全部交给员工自己去操作。参与的员工感受到了自己的重要性，就有了使命感。在日常的工作环境中得不到发挥的员工可以在这个平台上尽情地发挥。

这样做既可以防止员工在工作中被规章制度管理得太死，压力得不到释放而妨碍工作积极性，也可以让管理者从中发现具有组织能力、宣传鼓动能力的可用之才。

死板的管理制度可以规范平庸者的行为，并激发其工作热情，却很容易伤害到部分高智商者的进取精神。当一家企业的管理制度成为平庸者的激励机制和潜在人才的枷锁时，一部分有潜力的员工就很可能流失，这部分员工的流失，就等于流失企业的明天。

管理者要为员工创造发挥个性特长的空间，创造出一个能够尊重每一个人劳动成果、充分发挥每一个人智慧的场所，把管理者和被管理者的矛盾尽量淡化，使人事管理制度成为一种约束，更成为一种激励。合理的人事管理制度能化"管"为"用"，使人才的全部力量为企业所用。

能人不一定是最优秀的员工

很多管理者认为，只要是工作上的能人，一定是优秀的员工。其实不然，优秀的员工并不只是工作上做得很出彩的员工。真正优秀的员工，是根据企业和团队的要求，顺应企业发展的员工。这样的员工才是企业真正需要的。

除此之外，一个团队的工作能手也不一定能和同事之间友好相处。总之，一个在工作方面很出色的人并不具备一个优秀员工应该具备的所有素质。管理者应该绕开误区，千万不能以为工作做得好的员工就是好员工，而是要仔细观察，看他是否符合一个优秀员工应该具有的标准，然后再根据自己的观察做出判断，找到真正适合企业发展的优秀员工。

虽然一个在工作上表现出色的人不一定就是最优秀的员工，但是他完全可以让自己成为能适应企业发展的优秀员工，在企业中成功地存活下去，产生自己的价值。员工从一个工作高手到一个优秀的员工，自己的努力固然重要，管理者也起到了很重要的作用。

首先，管理者应该让员工明白什么样的员工是优秀员工。所谓优秀员工，就是具备以下条件的员工：工作积极主动、工作能力强、有创新精神、严格遵守公司规章制度、具有极好的团队精神、对企业忠诚、认同企业的文化和理念。可以看出，工作中的能人只具备优秀员工所具备的很多的条件当中的一个，当然不一定就是优秀员工。诚然，在实际工作中表现出色是一个员工身上非常难得的素质，也是对一个员工是否优秀的一个非常重要的评判条件。然而，这并不是评判一个员工是否优秀的唯一条件。因此，工作出色的能人必须清楚地知道自己在哪些方面还没有达到一个优秀员工的标准，才能从这些方面去努力，最终成为优秀员工。

其次，管理者应该努力营造相互合作的工作氛围。作为一个工作能手，在工作中的出色表现总能引起整个团队的瞩目。由于对各自利益的考虑，这种工作上的能人往往并不能很好地融入到团队中与团队的其他成员通力合作。有时候，也会是工作能手对自己工作能力的自负造成这样的后果。所以，管理者应该在团队中营造相互合作的氛围，使工作能手能与其他员工受到影响而相互合作，共同为企业的发展而努力。这样，工作能人就会渐渐地体会到相互合作的好处，而乐意并且习惯与其他人合作完成工作任务。

再次，管理者应该和这样的工作能人多沟通，与工作能人之间产生信任。这样，工作能人就会对管理者信服，从而愿意为管理者、为企业工作。由于对管理者的信任，工作能人就会根据企业的发展而改变自己，使自己更加适合企业的发展。

最后，管理者要规范工作能人的行为。管理者不仅要鼓励业务能人为企业贡献自己的力量，还要适当地规范工作能人的行为。俗话说"没有规矩，不成方圆"，即使是企业里工作能力很出色的能人也不能例外。管理者也只有能规范工作能人的行为，才能使他不会因自己工作能力突出而恃才放旷，才能在工作能人心中树立起管理者的威严。

苹果公司是一家充满活力的公司，公司的 CEO 史蒂夫·乔布斯对员工的要求十分苛刻。他知道哪些人能用、哪些人不能用。

乔布斯曾经为了一颗螺丝钉而大发雷霆。在苹果公司的设计部有一位非常出色的设计师。乔布斯在对这位设计师提出了设计 Mac 电脑的时候坚决不能让螺丝钉裸露在外面的要求。但是这个设计师自作聪明，把螺丝钉设计在了一个把手的下面，这引起了乔布斯的勃然大怒。他毫不留情地把这位设计师开除了。

这位设计师绝对是一个能人，否则也不会被乔布斯安排在苹果非常重要的设计部门。但是，这位设计师却耍小聪明，这与苹果公司严苛的质量要求实在是不相符的。这样的员工绝对不能胜任设计师的职位。所以乔布斯毫不留情地开除了这个"能人"。在其他企业中也是这样，如果不能顺应企业的发展，即使是在工作方面表现得再优秀，也不会被企业重用，成为优秀员工。

　　优秀，在企业中就是指能很好地适应企业的发展。所以，最优秀的员工就是最能适合企业发展的员工。工作能人本身就比普通的员工更有优势，因此，只要管理者对之采用正确的管理方式，就能更加容易地把他们培养成非常优秀的员工，为企业提供更多的能量。

　　管理者一定要清楚，工作能手不一定是优秀的员工。只要管理者对工作能人采用特殊的合适的管理方式，工作能人是可以很快成为一个适合企业发展的优秀员工的。一个企业中，如果都是工作能人，不一定就能很好地促进企业健康快速的发展，只有企业中的员工能适应企业的发展，才能使企业走得更远。

庸人用好了也可以是人才

　　一般来说，员工可以分为四种：庸人、常人、能人和人才。庸人就是指别人能做而自己不能做的员工，常人是指别人能做自己也能做的员工，能人是别人不能做而自己能做的员工，而人才是指别人想不到的自己能想到而且能做到的员工。企业当然更喜欢要人才这样的员工而不欢迎庸人式的员工。虽然庸人式的员工不是企业所需要的，但是只要管理者把庸人用好了，庸人也可以成为人才。

　　庸人式的员工本身肯定都不甘心于平庸的，他们也想受到企业的信任和重用。所以，只要管理者用适当的方法，是可以让庸人成为人才的。

1. 限期改变

有压力才有动力，管理者要想让庸人员工做出改变，就必须给予这些员工一定的压力，这样，感受到压力的庸人员工就会被迫做出改变。管理者给予庸人员工压力最好的方法就是给庸人员工一个期限，即什么时候达不到什么标准，就采取降职、降薪甚至开除的办法。或者管理者就让他们立军令状。比如，给他们三个月的时间让他们对自己的工作做出改变，如果时间过了，他还不能突破和改变，那就只有做出处罚。

中国台湾的著名艺人吴宗宪在1998年创办了阿尔法音乐公司。在公司里有一个小艺人总是封闭在自己的世界里，写一些自己才能听得懂的歌。很多次这个小艺人写的歌都被吴宗宪认为是垃圾，训斥这个小艺人。后来，吴宗宪觉得必须给这个小艺人一定的压力才会逼出他的潜力。于是，他把这个小艺人叫进了自己的办公室，告诉他，如果他能在十天内写出五十首歌，自己就从中挑出十首歌帮他出唱片。这个小艺人知道这是最后一次机会，就买了一大箱方便面，接下来的时间里，他就待在自己的工作室里努力地工作，困了就找个角落打个盹儿，饿了就吃泡面。十天后，他写成了五十首歌曲，吴宗宪就挑了其中十首歌出唱片。刚一上市，这张唱片就卖得大火，这也成就了这个艺人。这个艺人叫作周杰伦，后来成为了华语乐坛最火的歌手。

刚开始，周杰伦确实没有表现出一个人才的潜质。于是作为管理者的吴宗宪才用限制时间的方法来逼迫周杰伦做出改变，最终，这种限制时间的方法使周杰伦发挥出了自己的潜力，一下就从庸才转变成了人才。企业的管理者不一定要像吴宗宪一样给庸人下属这么苛刻的限制条件，但是适当的时间限制确实更加有利于激发庸人下属的潜力。

2. 投票拿下

有时候，管理者也许会担心直接去让庸人员工做出改变会伤害到员工的自尊以及管理者和员工之间的信任与感情，这时就可以用全体员工投票的方法来解决。管理者可以让全体员工来投票选出表现最差的员工，得票最高的那几个员工就要被拿下。他们是被同事拿下的，而不是被管理者拿下的，所以就能照顾到员工和管理者之间的关系。这时，管理者就可以让员工反思一下自己的工作是不是有做得不好的地方，为什么会被拿下。

员工被同事们投票选出后也会反省，了解自己被投票的原因。之后，他们就会根据自己的不足去改进，然后自然就会成为一个不再平庸的员工。

3. "双开"原则

所谓的"双开"就是指开发和开除。开发就是培训员工，培训不了的就开除。以开发为先导，以开除为补充。管理者可以事先询问庸人员工是愿意被开发，还是被开除，全靠他们自己去把握。著名的世华集团就是利用"双开"的办法，获得了很好的成效。

开发人才，就是通过培训告诉那些平庸的员工自己该做什么，该怎么做。事实上，那些比较成功的员工大部分都是经过不断地培训才获得成功的。对于企业来说，内部的培训更加经济。有人做过统计，在世界500强企业中，每174位CEO中只有4位是"空降"的，剩下的170位都是企业内部培养出来的。可以说，企业内部培训是把庸人变成人才最普遍的手段。训练之后还要考核，考得好，就奖励；考得不好，就鼓励他接着接受培训；如果连续地考不好，就只能考虑另外一个"开"了。

企业不是积善堂，企业需要的是能真正帮助到企业发展的人。如果经过培训，员工依然没有起色，那么管理者就只能选择另一个"开"——开除。佛常常是度"有缘人"，企业不是度"有缘人"，而是度"有意愿"的人。有强烈意愿改变自己的人，才能真正认真地接受训练，最大限度地吸收知识。当团队情绪低落，状态不好，要怎样立即提升他们的精神状态呢？第一个方法就是立刻开除那些消极、有负面情绪的人，切断负面传播源，从而暗示那些状态不好的人，使其进化。

自然界的生存法则是优胜劣汰，对于屡教不改的人，如果不开除，一味地给面子、给机会，劣胜优汰，企业也迟早会破产。将表现平庸的员工开发或者开除，就像拔除稻田里的杂草，要毫不留情。庸人员工知道了这个道理，自然会努力改变自己的现状，防止自己被淘汰。

马云曾经把员工分为这么三类：一类是"野狗"式的员工，这种人虽然能力很强，但是态度很差，严重影响公司的团结，必须清除；一类是"猎犬"式的员工，这种人不仅能力很强，而且态度认真，待人诚恳，团队意识强，正是我们需要珍惜的人才；一类是"小白兔"式的员工，这种人态度很好，待人热情，团队意识也不错，但是能力很差，做不出业绩，也是迟早要被淘汰的。但是，员工的这三类并不是永恒的，而是可以互相转变的。即使是第三类"小白兔"类的员工，也可以经过管理而成为"猎犬"式的员工。而企业需要的就是"猎犬"类的员工。所以，遇到庸人员工一定不要直接开除，经过自己的一系列措施，管理者会发现，他也许就是企业最需要的那种人才。

亲人，用还是不用

在企业的日常运作中，管理者常常会遇到这样的问题：该不该用自己的亲人？这确实是令管理者感到棘手的一个问题。亲人和管理者之间本就熟悉，这对管理者来说进行沟通就容易得多。此外，管理者与亲人之间更容易产生信任和默契，更加有利于管理者一些决策的落实。把重要的工作交给亲人来做，也会令管理者更放心。

然而，若是任用了亲人，负面的影响也很多。首先，这会引起其他属下员工的不满，他们会认为管理者自私，只想到自己；其次，一旦亲人（特别是长辈）犯了错误或者是工作做得并不到位，管理者很可能顾及亲情而不好处理，显得很为难；最后，在工作中，亲人还有可能利用自己的身份做一些对企业有害处的事情为自己攫取利益。因此，管理者任用亲人是一把双刃剑。用好了亲人，会给企业带来非常好的影响，而用不好，则会对企业造成不必要的损失。所以，管理者应该根据企业的发展需要来决定要不要任用亲人。

古代有一句话，叫"举贤不避亲"，就是说推荐贤才不必拘泥于是否是自己的亲人。在古代，统治者选拔贤才比较困难，所以这才是正确的方法。其实，在企业中，管理者的目的是选拔优秀的人才，为自己的企业提供价值，使企业快速健康地发展。从中国企业的发展规模和成长阶段来看，很多企业，特别是比较小的企业在使用人才上仍旧处于劣势，往往不能在需要优秀人才的时候第一时间就找到他们。这时候，企业的第一反应就是从自己熟悉的人中去找。特别是高级人才，本身就是稀缺资源，在还没有合适的人选的时候，从管理者的亲人中挖掘也应该是个不错的选择。

从另一个角度看，中国的企业尤其是最近几年才刚刚发展起来的一些民营企业，它们的规模很小，面对残酷的市场竞争，企业抵御风险的能力本来就不强，选择更为信任、信赖的人确实可以规避一定的风险，加强员工对于企业的忠诚度。这也是为什么很多企业的管理者愿意让有亲缘关系的人在企业内部工作的原因。

虽然有时候，让亲人在企业内部工作有种种好处，但是在一些时候，管理者还是应该适量地避免在企业内部任用自己的亲人。

《西游记》中，普通的妖魔鬼怪作祟最后肯定会被严厉地处罚，而那些和天庭神仙有点关系的妖怪最后的结果则是被各自的主子"认领"回去。中国就是这样一个以儒家思想为传统根基的国度，很多国内的公司很难摆脱亲情文化。亲属，尤其是那些在企业里有一定地位的管理者的亲属犯了错误，处理的时候必然要考虑到照顾管理者的面子，自然和处理一般员工的时候不大一样。特别是一些比较大的企业，有着完善的招聘制度、考核制度和晋升制度，有着公平的企业环境，但是，碍于中国传统文化的深远影响，往往会因为任用了亲人而导致企业的品牌声誉受到极坏的影响。所以，从这个角度上来说，还是要尽量避免任用亲人的行为。

中国通信工业领袖企业国人通讯就非常严格地控制任用有亲人在公司内部任职的员工。在新员工入职前，国人通讯的人力资源部门会做一些背景调查，关注他在公司内部是否有亲属关系的人存在。公司有着严格的规定，不允许有亲属关系的人员进入公司工作。不过，对于那些高端的研发技术人员等特殊人才，国人通讯就没有这项规定限制。比如国人通讯的CTO，他在射频高段技术领域是难得的稀缺人才，国人通讯非常希望这个职位能有个稳定的人员，因此CTO的一些亲戚也在公司工作，并且担任要职。

国人通讯很需要在某个方面的人才，这种时候他就可以任用亲人作为员工。这是因为这种员工对于企业的发展至关重要，所以企业就"举贤不避亲"，任用了这个人才。但是为了避免一系列的麻烦对其他的员工还是要严格控制有亲人成为企业员工的行为。

不可否认，有亲属关系的人进入企业，管理者和他们的交流上的适应性会更强一点，他们可能更加忠诚于企业，更加稳定，甚至可能会和管理者站在同一平台上讨论工作。但是从长远来看，这种任用亲人为员工的做法很可能会产生一些负面影响。权衡利弊，这种关系对企业造成的不利影响可能会更大一些。所以，对于任用亲人为员工的行为还是应该加以控制。但是在某些时候，企业中特别需要某方面的人才，这个时候就可以权衡利弊，做出更适合企业发展的决定。国人通讯就是给了他们 CTO 特例，他任用亲人做员工带来的不利影响被他对企业的突出贡献所掩盖，总体来看，企业还是从中获得了很大的利益。

对于亲人，管理者用还是不用，应该顾虑到整个企业的大利益。首先，管理者应该对这个亲人有一定的了解，知道这个亲人能做什么、性格怎样、是否适合企业的发展。有的时候一些管理者只是因为世故人情，对亲人的情况毫不了解就任用了他，这样只会给企业带来不必要的损失。其次，管理者要仔细权衡任用了亲人以后所带来的利与弊，只有利大于弊的时候，才能放心地任用。最后，当真正任用了亲人为员工后，应该一视同仁，对自己的亲人和其他员工同等对待，以避免其他员工产生一系列不利于企业的消极情绪。

用不用亲人，怎么用亲人，这些都需要管理者仔细权衡利弊后做出决定。这很能考验管理者的考量能力。只要做好这些，就一定能为企业提供巨大的帮助。

资历 ≠ 能力，能力 ≠ 胜任

曾经发生过这么一件事，一个连锁门店有一个店长的空缺需要补上。让谁去？有两个人选：一位是公司老员工，现任一家门店的副店长，工作稳重，经验丰富；另一位是一家门店的店长助理，来公司不到两年，年轻有为，今年初被提拔为店长助理。面对这一"老"一"少"，公司的领导们有些犯难。很多人主张用"老人"，原因是"老人"稳重，有资历，用着放心。然而，老总权衡各方面的条件和因素后，最终却选择了"新人"当店长。有人不解，就问老总原因，老总的解释是：有资历并不代表就有能力。

资历和能力是两个不同的概念。资历，是指一个员工在一个领域中工作时间的长短；能力，则是指一个员工在工作中完成工作的效率。资历并不能代表能力，能力也更不是资历。当然，资历在很大程度上可以是经验的代名词，然而，有了经验，不一定就有了高效率地完成工作的能力。所以，这个老板没有选择有资历的"老人"，而是选择了有能力的年轻人做店长。

一个企业，到底是需要有资历的员工，还是需要有能力的员工？答案是毋庸置疑的，当然是有能力的员工。归根结底，企业的目的是为了赢利，有能力的员工能更加高效地完成企业的各项工作，能为企业带来更多的利润。只有在企业不能确定一个新员工是一鸣惊人的楚庄王还是纸上谈兵的赵括的时候，才会用有资历的人，毕竟有资历的人从事这类工作有一段时间，至少上手会比较快。所以，我们经常看到一些招聘广告上写着需要几年的工作经验。

管理者无论是在招聘新员工的时候，还是在企业内部的人事管理中，都要注意不能搞混了资历和能力的概念，否则就会遇到重大的错误。然而，很多时候管理者还是会犯这样的错误。管理者经常能听到类似于"他干了这么多年了，应该升职了"这样的言论，于是就觉得很有道理，就忽略了能力的问题。

其实，解决这个问题最好的办法就是考核。在招聘新员工或是企业内部做人事变动的时候，无论是新员工还是老员工，都必须经过考核。能通过考核的员工才是有能力的员工，这样的员工才能为企业提供巨大的力量。这样做，既能表现出管理者公平对待员工的态度，也能准确地找到最有能力的员工，对有能力的员工进行重点培养。

在实际生活中，我们经常会发现这些例子：学习机械的人是编程高手；老师能成为很好的市场策划人员；学理工的人却可以有华丽的文笔……他们丝毫没有资历，但是却依然能在与专业不符的领域中做出自己的成绩。从这里也可以看出，资历，绝对不能与能力画等号。

那么，有能力的员工是不是就能胜任自己的工作岗位呢？这也是不一定的。一个员工的优秀不仅仅体现在工作能力方面，还有其他的很多因素。所以说，一个能力突出的员工充其量也只能是一个工作能手，并不能说他就是一个能胜任自己工作的优秀员工。

企业的成功是一个团队的成功，并不是某几个工作能力出色的员工就能实现的。一方面，工作能力突出只能占很小的部分，很大一部分还取决于员工的情商。优秀的员工通常都拥有很高的情商，他们知道自己的成功是建立在团队成功的基础之上的，他们知道怎样在团队成功的基础上凸显出自己的优秀。而一个仅仅工作能力很突出的人却不一定能做得到。

另一方面，一个工作能力一般的人，却有可能比工作能手更能胜任他的工作。因为有些员工虽然工作能力一般，但是他们知道怎样和别人相互配合、通力合作完成各项工作任务。这比一个工作能力很强的人独自去做要高效得多。

IBM 的首席执行官路易斯·郭士纳在加入 IBM 之前从来没有接触过 IT 行业，没有任何资历，当然也没有 IT 行业的任何能力。所以，当 IBM 董事会决定聘用郭士纳为 CEO 的时候，整个公司上下一片哗然。大多数人甚至觉得这是个匪夷所思的笑话，甚至有人断言：让一个卖饼干的去卖计算机，就准备等死吧。可是，郭士纳用了很短的几年就扭转了 IBM 连年亏损的局面，并且把 IBM 带到了一个前所未有的高度，这不能不说是一个奇迹。在 IBM 的 CEO 位置上，郭士纳绝对是最正确的那个人。

郭士纳没有资历，更谈不上能力，可是，却成功地胜任了 IBM 公司 CEO 的角色。并且成为了 IBM 历史上最好的 CEO。从他身上可以看出，能胜任自己的工作职位，是靠对这个职位的了解和对自身的了解。

管理者绝不能看到某个员工的工作能力出众就认为他一定能胜任这个工作职位。员工的工作能力和能否胜任自己的职位是不能够画等号的。管理者只要从团队的横向比较，就会发现最能胜任工作的员工是最能和同事们通力合作、创造出最多价值的员工。而工作能手并不一定就是团队中创造最多价值的员工。

资历和能力，能力和胜任，这些看似关系紧密的词语并不能画上等号。管理者要清楚地认识自己的下属员工，绝不能以资历判断能力，以能力判断是否能够胜任，而是要从企业的整体利益出发，通过统筹全局和留心观察，找出最适合的员工担任合适的职位。这样，才能正确合理地运用公司的人力资源，企业才能更加长足稳定地发展，管理者才能体现出自己独到、睿智的管理才华。

不要只重视你喜欢的人

一个企业就是一个大的团队，而团队是由很多个员工组成的。对管理者而言，在这许多的员工中，肯定就存在自己喜欢的员工和不喜欢的员工。但是，管理者往往会只重视那些自己喜欢的员工，而看不到其他员工的努力，这是不利于企业健康发展的。

一个企业要想很好地发展是离不开团队的力量的，而管理者比较欣赏的人只是团队中一个很小的部分。只重视自己喜欢的员工很容易引起其他员工的不满，而造成企业的各项工作无法顺利开展。受到管理者重视和欣赏的员工也可能会仗着管理者的器重而有恃无恐。无论从哪个角度考虑，这都不利于企业的发展。所以，管理者一定不能只重视自己喜欢的员工，而是要从大局出发，重视每一个员工，让整个团队都能发挥出自己的力量，才能助力企业的发展。

管理者喜欢的人，往往是在工作能力出色之外，很能摸清管理者的脾气的人。这样的员工往往比较聪明，他迎合管理者的想法，以此来赢得管理者的欣赏。但是，在聪明的背后，往往表现为工作能力一般，甚至还可能工作能力很差。如果管理者只看到表面，对他就很欣赏，以此来重用他的话，势必会打击到其他员工的工作积极性。

在一个团队中，每个员工的性格、阅历、爱好等都不尽相同。有的员工性格比较活跃，有的员工性格比较内向。性格活跃的员工就比较容易得到管理者的青睐，默默无闻的员工则最不容易到管理者的欣赏。如果单从工作效率来看的话，默默无闻的员工并不比性格活跃的员工工作效率要低，因此，管理者只重视自己喜欢的员工对整个团队来说是不公平的。管理者应该看清事情的本质，对团队员工们平等看待，按照多劳多得、按劳分配的分配方式进行分配；重用那些在工作中表现最出色的员工，而不是管理者自己喜欢的员工。这样才会令员工们信服，从而认真地投入到自己的工作中。

然而，管理者总是有对那些自己比较喜欢的员工好一点的想法，这是正常的想法。但是，管理者要从全局的利益出发，在了解了他的工作效率之后再做出决定。事实上，团队里的每一个员工都需要管理者去重视，特别是那些比较内向的、埋头苦干的员工。这样的员工如果受到重视，会迸发出更加巨大的潜力。管理者应该重视他们，鼓励他们。这样才能激发整个团队的工作积极性，不至于打击大家的工作激情。

从企业的角度去看，一个企业也是很多员工的集合体。所以企业必须维持员工的多样性才能维持一个企业的正常运作。管理者如果只重视自己喜欢的员工，势必会造成企业员工的多样性受到破坏。这样，整个企业的整体性也会遭到破坏，当然会对企业造成一些难以预料的损失。

有一天，IBM公司的一个职员闯进了总裁小沃森的办公室，大声嚷嚷说："我还有什么盼头？销售总经理的差事丢了，现在干着因人设事的闲差，有什么意思？"

这个人叫博肯斯托克，是IBM公司"未来需求部"的负责人，他是刚刚去世不久的IBM公司二把手柯克的好友。由于柯克与小沃森是死对头，所以博肯斯托克认为，柯克一死，小沃森定会收拾他。于是决定破罐子破摔。

沃森父子以脾气暴躁而闻名，但是面对故意找茬的博肯斯托克，小沃森并没有发火。虽然小沃森十分不喜欢博肯斯托克，但是他清楚博肯斯托克的能力比去世的柯克更加出色，为了公司的前途，小沃森决定尽力挽留他。

小沃森对博肯斯托克说："如果你真的行，那么，不仅在柯克手下，在我、我父亲手下都能成功。如果你认为我不公平，那你就走，否则，你应该留下，因为这里有很多的机遇。"

后来，事实证明小沃森留下博肯斯托克的决定是极其正确的，因为在促使IBM做起计算机生意方面，博肯斯托克的贡献最大。当小沃森极力劝说老沃森及IBM其他高管尽快投入计算机行业时，公司总部的响应者却很少，而博肯斯托克却全力支持他。正是由于他俩的携手努力，才使IBM免于灭顶之灾，并走向辉煌。

小沃森虽然不喜欢博肯斯托克，但是却知道博肯斯托克的价值所在，于是依然对他加以重用。IBM因为这个小沃森不喜欢的博肯斯托克才获得了成功。所以，管理者不能只重视自己喜欢的员工，在管理者不喜欢的员工中，往往有更加出色的人才。

管理者在工作中就要学习小沃森，不能只重视自己喜欢的员工，而忽视了其他的员工。管理者的这种行为肯定是有损于企业的发展的。管理者只有对所有的员工一视同仁、赏罚分明，把一碗水端平，在需要提拔员工的时候，要尽量提拔那些工作效率高、有利于企业发展的员工。这样，团队内部才会更加团结，才会更加具有凝聚力。管理者只重视自己喜欢的员工还会给人留下刚愎自用的印象，员工对管理者的信任程度就会降低，不利于以后管理者决策的落实。

管理者应该清晰地认识到企业需要什么样的员工，然后重视和培养这样的员工，让他们能全身心投入地为企业工作。管理者切不可仅凭自己主观的想法就只重视那些自己比较喜欢的员工。经过仔细统筹团队，挖掘出有真才实学的人才，进行提拔和重用，这样的管理者才是一个合格的管理者。

能力、岗位和待遇的匹配

在企业的日常运作中，管理者经常实行的是不同岗位、不同能力却同等待遇的管理方式。这是非常不对的。因为不同员工的能力和对企业的贡献都大不相同，实行一样的待遇很容易打击那些对企业贡献更多的员工。

在企业中，关于员工能力和待遇的话题，是一个老话题，也是一个永远的话题。一直以来，一些前线的员工常常认为自己的工作比后端的管控要辛苦得多，收入却根本没法跟后端管控的人员相比；还有，那些能力相对较强的员工，工作负荷也相对较重，心中其实也是颇有怨言。尽管任劳任怨作为一种品质是企业所倡导的，但确实因为对能力的考评不实而导致待遇不公，管理者有理由要求员工毫无怨言地服从和忍耐吗？显然没有。

前线员工虽然抱怨自己的能力与自己的岗位、待遇不相匹配，但是若是把前线的员工放到后端管控的位置上，他们肯定做不好。因为后端的工作讲究的是技术性、专业性。所以说，企业管理者根据能力不同分配岗位和地位也是有一定的道理的。前线员工没有后端管控人员能力强，所以无论是岗位还是待遇肯定都不如后端管控员工。从这个角度来说，企业是公平的。

　　能力、岗位和待遇，从企业的制度上来说可以理解为权、位和利。这些对企业来说都是重要的制度资源，利用好这些制度资源可以给企业带来很大的利益。当发现有能力的人才的时候，用职位和待遇来留住人才永远是最正确的选择。而没有能力的人，企业又怎么能给他岗位和待遇呢？

　　企业中的员工是多样性的，各自有各自的能力，互相都不能替代。管理者对岗位的安排同样也需要保持稳定的多样性，根据每个人具体的能力安排相应的职位，给予对应的待遇。有时候，也要适当地展示人才策略，最好的途径莫过于用好身边的人。比如，管理者把企业里一个比较平庸的人用好了，提供了应有的职位和待遇，甚至是比较理想的职位和待遇，那么杰出的人才会认为：这样的人都能得到这么高的职位和待遇，那么我一定有机会。于是别的员工就会努力工作，为自己争取到相应的职位和待遇。

　　职位和待遇可以成为吸引出色人才的筹码，同样，能力也会为员工赢得很高的职位和待遇。所以，这三者是非常紧密的关系。除此之外，职位和待遇也能够使一些本来表现得比较平庸的员工获得激发潜力、努力做好的动力。职位和待遇从某种意义上可以理解为权位和金钱，当然会使员工们趋之若鹜。

　　但是，在一些特殊的时候，岗位和待遇也可以成为约束人才的工具。一个有能力的人才离开团队仍然能够存活。对于有能力的人才来说，没有约束就难以驾驭和信任。信任不仅需要感情认同，还需要一种机制认同。而职位就可以起到这一作用，这样，人才对企业的忠诚度提高了，做事情也会更加努力，管理者就可以更加放心。

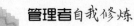

1960 年，杰克·韦尔奇加盟 GE（通用电气公司），并成为马萨诸塞州皮茨尔德的一位初级工程师。一年后，他痛感公司内部的官僚主义体制令人窒息，欲辞职另谋他就，在他的告别聚会即将举行之际，韦尔奇年轻的上司鲁本·古托夫极力地挽留他，在餐桌上对韦尔奇展开了近四个小时的说服攻势，最终使韦尔奇答应留下来继续为 GE 效力。古托夫此举为 GE 留下了他们历史上最伟大的领袖之一。1968 年，韦尔奇成为 GE 最年轻的总经理，37 岁时，韦尔奇成为集团行政主管，1979 年担任副董事长，1981 年经过 9 年的考评，韦尔奇正式成为 GE 的总裁。

不可否认，古托夫这么做是英明的。他知道韦尔奇具有改变公司的能力，于是极力挽留他，并给予韦尔奇很高的职位和待遇。韦尔奇也确实给通用电气带来了质的变化。之后，随着韦尔奇不断地成长，通用公司给予韦尔奇的岗位和待遇也在不断地提高，直至他成为了通用电气的总裁。

通用电气对待员工的方式很值得其他企业学习和借鉴，管理者看到了员工的能力，就要给予这样的员工与他的能力相匹配的职位和待遇，这样才会让员工尽力地为企业工作。就像韦尔奇一样，公司看到了韦尔奇的能力，就任命他做总经理。这样也可以激励其他的员工为了职位和待遇而拼命工作，激发出自己的潜力。此外，通过对人才赋予职位和待遇也可以在一定程度上约束员工，防止人才的流失。

而管理者若是不能很好地匹配能力、岗位和待遇，就会对企业造成不必要的损失。一般这种情况分为两种，就是小材大用和大材小用。小材大用，结果是员工不能胜任工作，其他员工不服气；相反，大材小用是工作也不见得干得好，员工自己不服气，他为怀才不遇而愤愤不平，感到前途无望，甚至会考虑离开企业。

对于管理者来说，更容易犯的错误是后者，为了谨慎起见，迟迟不敢起用员工，考察考察再考察，直到十拿九稳了才用人，这样会让员工们觉得前途无望，丧失工作热情或者索性选择离开。企业不但损失了很好的人才，而且一旦这种贻误人才的做法形成风气，企业就根本无法留住人才了。所以管理者就要及时为那些人才提供合适的岗位和待遇。这样才能让人才感到自己受到重用，企业从而更好地留住人才。

只有根据员工的能力及时地给予相匹配的职位和待遇，才能真正地留住人才，这也能真正地体现出管理者的管理智慧，企业也能聚拢更多的人才，这样就能提升企业的核心竞争力，使企业能发展得更加稳健。

给他一架晋升之梯

在管理者的实际管理中，总有很多办法去提高员工的工作积极性，比如增加薪酬、加强沟通、营造良好的工作气氛等。而适当地晋升员工，也是一个非常好的激励方法。这样，为了获得高职位，员工自然就会努力地工作。

管理者晋升员工就是根据员工为企业所做出的贡献和个人的能力而让这些员工得到更高的职位，这既是一种对员工能力肯定的嘉奖手段，也是给予员工更多的责任。

企业在发展良好的情况下，就会扩张规模，这时候就会空出一些管理层的位置。所以，选择优秀的人才进行提拔，不仅能提高员工的工作积极性，也能给企业带来很好的正面效应。那么，管理者应该怎样给员工一架晋升之梯呢？

管理者想要晋升某个员工，要考虑到很多方面，其中就包括要掌握好晋升员工的标准和尺度。很多管理者在晋升员工的时候，没有一个合适的、制度化的标准，仅凭自己的主观标准甚至自己的喜好来进行提拔。动辄就是"我认为某个员工还不错嘛"，甚至有些管理者在高兴之下，临时冲动就提拔了某个员工，之后却发现，其实这个员工的工作能力根本无法胜任这个管理者的岗位要求，这时，就只能要么硬着头皮干下去，要么就撤下来。这样做不仅是对企业的人事资源的一种浪费，使企业蒙受损失，也是对员工的一种不负责任的表现。员工们为了晋升，甚至很可能会把能否逗管理者开心作为自己的晋升标准，这是十分荒诞的。

从管理理论的角度来说，一家有规模的大公司，得有组织框架的规划图，有每个职位的详细职务说明和任职资格要求，每年都有定期的考核时间点，且有升职流程。这样做虽然有些繁琐，不如管理者直接任命来得快，但是却可以有效地保证被晋升员工的质量，并且更加公开、透明，在一定程度上促进了员工个人对晋升的希望，也平衡了其他员工对晋升以后的新任管理者的抵触情绪。员工们看到同事会晋升，自然也希望自己也能如此，榜样的力量是无穷的，于是就会更加努力地工作以突出自己。

除此之外，管理者还要把员工的工作能力和管理能力区分开。有时候，管理者看到某个员工的工作能力突出就急着晋升这个员工，结果这个员工在人事管理上的能力却一塌糊涂，把一个团队管理得乱七八糟，员工们怨声载道。这时，管理者只有解除这个员工的管理职务。有时候，这样的落差会使这些人才很难承受，干脆一走了之，这样的话，管理者提拔员工不成，反而还损失了一个优秀的人才。

优秀的工作能力和管理能力是两个概念。工作能力是指员工完成自己专项工作的能力，是以自我为中心，具备较好的掌控能力；而管理能力则主要是对在人事管理方面的专项工作能力，以团队为整合中心，以内部员工为主要对象。所以，管理者应该告诉员工们，仅仅有工作能力是不能很容易就被晋升的。

管理者在晋升员工的时候，还要注意的一点是要做提拔前的铺垫工作。这是出于三方面的考虑：一是给管理者自身留个退路，一旦发现员工并不适合提拔，还有一个取消晋升的借口；二是消除因为突然提升，给其他员工带来不适感和抵触情绪；三是给即将晋升的员工一些正面的压力，促使其在自我业务能力和管理能力方面有所努力。

铺垫工作具体的操作原则是在正式宣布某位员工的提拔任命之前，得要有个过渡的过程。所谓过渡，就是让要提拔的员工暂时离开当前的工作岗位，安排一个与其同事或是说未来的下属暂时没有直接工作密切往来的岗位上去，同时也是人为地制造一定的距离感。具体可考虑这两个办法：一是把即将提拔的员工脱离当前的业务岗位，调到老板身边做助理；二是把即将提拔的员工派送到其他企业进行为期一两个月的学习深造，回公司后再行宣布任命。这样的话，整个晋升过程就显得理所当然，顺水推舟。

北宋时期，著名的大臣欧阳修提拔了很多的名臣，其中就包括苏轼、曾巩和后来成为宰相的王安石等人。欧阳修先是对他们说明北宋朝廷求贤若渴，他们去了一定会有好的待遇，同时欧阳修深谙为官之道，就对他们讲述了北宋朝廷的用人标准，并鼓励他们进入官场。他还根据每个人不同的能力建议他们去相应的部门担任官职，最终，他们都入朝为官。其中最出色的当属王安石，不仅官至宰相，还主持了著名的王安石变法。

对于苏轼、曾巩和王安石等人，欧阳修对晋升表现得相当开明，他先是说明了晋升之后的好处，让他们能有兴趣进入北宋朝廷。接着又挑明北宋朝廷的晋升标准，让王安石等人能够认识到自己的不足，从而改正缺点，为朝廷效力。所以，他们最后都获得了成功。晋升员工是非常吸引人的人事管理手段，只要处理得当，就一定能发挥出正面的力量，获得意想不到的效果。

晋升的过程就像爬楼梯一样，要一层一层地爬才能爬到最高点。管理者最多只能给员工一个楼梯，却不能帮助他爬。唐骏、韦尔奇等著名的CEO也是从最普通的员工做起，一步一个脚印，一点一点地晋升，最后才爬上了他们事业的巅峰。管理者适当地提拔员工，给员工一个晋升之梯，就一定能在团队中激起员工们很大的工作热情。这样，既填补了公司的人事管理空缺，也使团队内部的员工发挥出更多的能量，同时，还大大避免了人才的流失，是个一举多得的举措。

淘汰需要勇气，更需要智慧

在陈可辛的电影《中国合伙人》中有这么一个场景。"新梦想"的创始人之一孟晓骏让另外一个创始人成冬青开除一个老员工，但是成冬青念在那个员工资历较老，不忍开除他。孟晓骏就对成冬青说："你连开除一个员工的勇气都没有，怎么做企业领导？"是的，淘汰员工需要勇气，但是更需要智慧。一个企业，经过管理者的仔细统筹，淘汰一些不适合企业发展，甚至会拖慢企业脚步的员工，反而更加有利于企业的发展。

雇员工容易，但是开除员工却很难。因为在淘汰一些员工，特别是老员工时，管理者往往会考虑到这些员工对企业的帮助和对管理者的感情因素，所以比较痛苦。但是，一个企业是一个很庞大的团队，总有些人会由于各种原因而阻碍到企业的发展，特别是管理者要求很高的时候（管理者的标准必须高），这时就必须有勇气去做出这个决定。

事实上，合理地淘汰一些员工也是企业发展的必然结果，这样做也会引发公司内部的正面的"波及"效应。管理者会发现员工们的工作都更上一层楼。那些原来工作积极性不高的员工也会因担心失去工作而改进自己的表现。而那些本来表现一般的员工会害怕自己落在后面而受到威胁。因此，合理地淘汰员工是正确的，它可以让员工为了企业而更加卖力地工作，因为他们看到了企业是一个"凭真本事吃饭"的企业。所以，合理地淘汰一些员工是有利于企业的发展的，从企业发展的大环境考虑，管理者一定也必须有淘汰员工的勇气和行为。

淘汰员工，管理者需要勇气，同时，也需要智慧。唐骏说过，一个好的企业能让员工在入职的那一天一直到离开的那一天都能感觉到企业的尊重。然而，很多企业会用尽可能少的离职补偿淘汰员工，甚至用羞辱的方式把员工扫地出门。这是一种"走人"的方式。曾经有一家公司对外宣布其 CEO 主动辞职了，但实际上是该 CEO 是因为与董事会意见相左被解雇的。随后，该企业的董事长在内部发布一份备忘录，宣布是董事会迫使该 CEO 辞职的。员工们都看到了这名 CEO 在副总裁的监视下，脸色灰白地收拾完自己的桌子愤愤离开。公司的这个举动很快就使士气急转直下，之后，好几个核心的员工也接二连三地辞职而去。这种"走人"的方式会给企业带来非常负面的影响。而管理者之所以用"走人"的方式对待要淘汰的员工，造成如此消极的影响，就是因为没有注意到开除员工方式的重要性。

相对于"走人"的方式，另一种更加智慧的处理离职的方式——"再见"的方式就好得多。首先，管理者为了保全员工的尊严和名誉所做的努力会降低公司遭到员工报复以及公司声誉因此而受到损害的概率。其次，在公司与员工个人并不对等的情况下，"再见"的处理离职的方式会让员工更有可能在不给企业和员工本身带来伤害的情况下离开，甚至主动辞职。

人并不是一成不变的，被淘汰的员工有可能会经过变化而重新成为企业需要的员工，这时，"再见"的方式就使能重新雇用能力出众的前企业员工成为了可能。就成本控制来说，这一意义尤为重大。根据企业领导力委员会的资料显示，招聘并培养一位 IT 专业人才的费用是他基本薪酬的 176%，而招聘与培养一位新任中层经理的费用则是他基本薪酬的 24%。如果公司聘用前企业员工，至少能省下一大笔成本给中介公司，还省掉了面试候选人和一部分人事资源，以及培训新员工及新员工在具备一定工作效率之前的"适应过程"中的费用等开销，从而使成本几乎降到了零。通

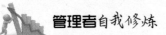

过保留对前企业员工的精确记录，并与前企业员工保持联系，企业就大大降低了用错人的可能性，更加节约了时间和金钱。

同时，使用"再见"的方式来处理员工的离职并不一定就意味着公司必须在离职补偿的问题上大手大脚，他只要求公司以请"神"时的虔诚去送"神"，给被淘汰的员工应有的尊重。被淘汰的员工就一定会在企业需要的时候优先考虑本企业。这时，企业给他的薪酬政策也应该保持一致性。

IBM 公司是一家胸怀宽广的公司。IBM 认为，无论是公司淘汰员工还是员工离职都是很正常的现象，从来不会因为要淘汰一部分员工就减少对他们培训的费用。当 IBM 要淘汰员工时，会严格按照公司的人事规定，把工资和奖金一次性地发放。IBM 认为，因为员工对 IBM 的感情，即使这些淘汰的员工以后去了新公司，也有可能成为 IBM 的合作伙伴，这样就会扩大 IBM 的业务和客户服务，节省了市场开发的费用支出。同时优秀的员工仍旧有可能重投旧主！很多营销人员都听说过 IBM 的电脑售价比竞争对手要高出不少，IBM 的业务人员给出的最大理由只有一个：因为它是 IBM 的电脑。出于对 IBM 公司的情感，很多离开了 IBM 公司的人也会选择购买 IBM 电脑。

IBM 就是一家用"再见"的方式处理淘汰员工问题的公司，这也铸就了当时 IBM 在业界的品牌地位。这样的 IBM 更加人性化，也更加具有竞争力。企业可以效仿 IBM 淘汰员工的方式，让自己的工作方式更具有智慧，这样才更能体现出企业大度、宽容的形象。

适时地淘汰一些不能适应企业发展的员工是管理者必经的道路，只有这样才能保证企业不会被个别人拖了后腿。淘汰员工不仅需要勇气，更需要智慧。妥善地处理好淘汰员工的工作，能更好地体现出管理者的睿智和价值，企业也会因此更加具有竞争力。

第 六 章

管事技巧：
该不该做，该不该管

　　管理者在日常的工作中，最应该弄清楚的就是：什么事情是需要亲力亲为的，什么事情是必须要管的。管理者应该明白，如果事事都亲力亲为的话，那么就算把我们累死，工作也还是无法完成。因此把工作方法教给自己的下属，并且把权力适当地下放，才是管理者最好的管理技巧。

　　当然，这并不代表管理者就可以放手不管了，当员工遇到难题的时候，管理者必须能够为员工解惑。管理者要知道，我们要的就是结果，因此有些不是原则性的事情，管理者可以无须计较。而对于原则性的事情，管理者则需要一追到底，找到真正应该负责的人。

执行管理：授权＞揽权

什么是管理中的授权呢？当管理者正在执行一项工作任务的时候，必然会与下属们合作完成，而有些工作必须经过管理者的授权，下属员工才能够放开手脚去做。简单地说，就是把一定的权力授予与工作有关的下属员工，让他们能够更好地完成工作项目。

对于管理者来说，如何授权以及授权给何人都是非常重要的。只有懂得如何授权的管理者，才能带出优秀的团队，团队中的执行能力才会越来越强。有些管理者在工作中，不但不会授权，而且把所有的权力都揽在自己的手中，他们认为权力集中对于工作是有好处的。不仅可以显示他们的领导才能，而且也能够让下属员工更听话。

这种想法是大错特错的，管理者绝对不会把权力集中起来，而是会把权力分散出去。这样做的好处是既能够调动下属员工的工作积极性，又可以体现出管理者的执行水平。因为我们谁都知道，只靠一个人是无论如何都无法完成所有工作的。授权是以人为本的管理，只有让每一个人都知道自己应该做什么，执行才可以做到真正的到位。

著名企业本田公司的第二任社长河岛决定进入美国投资办厂的时候，企业预定设立了筹备委员会。这个委员会聚集了来自人事、生产和资本三个专门委员会中的人才一起讨论。最后的决策者是河岛，然而制订具体方案的却是员工组织。

后来，河岛却不愿意参与委员会的讨论。他的理由是员工自己做会比自己参与更好。位于美国的厂房基地，河岛一次也没有看过，这足以证明他对下属的充分授权。当有人问河岛为什么不赴美实地考察的时候，他说："我对美国并不熟悉，既然熟悉它的人觉得这块地方不错，难道不应该相信他的眼光吗？我又不是房地产商，也不是账房先生。"

本田公司的销售和财务方面的工作，河岛全权托付给了副社长，这种充分授权的作风和第一任社长本田宗一郎一脉相承。1985 年，本田公司的总社落户在了东京青山一栋充满现代感的大楼里。当时，赴日访问的英国王储查尔斯和戴安娜王妃参观了这栋大楼，媒体争相报道，本田技术研究工业公司的本田青山大楼从此世界闻名。事实上，规划这栋总社大楼，提出各种方案并将它成为现实的是本田内部一些年轻的员工，本田宗一郎并没有对这件事插手。

已经成为国际性大企业的本田公司在新建总社大楼时，作为本田创始人的本田宗一郎竟然没有发表任何的意见，实在让人难以想象。

从上述案例中，管理者可以得到一个非常清晰的结论：授权可以让团队成员上下一心，赢得一场又一场的胜利。而揽权只能够让团队成员心怀不满，各自打着小算盘，最终的结果只能是失败的。

优秀的管理者与普通的管理者之间的区别就在于优秀的管理者深谙授权之道，他们懂得放手管理的重要性，而普通的管理者则是事无巨细，全部包揽。

授权在执行管理中非常重要，几乎可以决定一项工作是否可以顺利完成，以及能否得到最佳的工作结果。当然，我们所说的授权并不是放权的意思，管理者要懂得授权的艺术，更要懂得授权的尺度。如果完全不授权给下属员工，那么肯定是无法完成工作的。如果完全授权给下属员工，那么就会出现什么事情都有人管，而什么事情都没人做的混乱局面。

综上所述，授权以及适当地授权是最重要的原则之一。我们不仅要从河岛和本田宗一郎的授权艺术中获得启发，而且要把这些启发活学活用到现实的工作当中。管理者在执行管理当中，要学会用授权来团结每一个团队成员，让他们能够人尽其才，各司其职。运用授权，管理者要让团队具有更牢固的凝聚力，让下属员工喜欢和你一起工作，觉得只要和你一起工作就会做出工作成绩，从而充分地调动起下属员工的主观能动性，以及工作的热情和智慧。

对于管理者来说，授权并不是一件难事，每个人都有自己擅长和不擅长的领域。通过观察，管理者能够轻松得知员工擅长的部分。通过大胆起用精通这一行业或者岗位的人，并给予这些员工充分的授权，让员工能够有一定的空间做自己的决定，这样就有利于激发员工的潜力。这是每一个管理者都应该掌握的基本原则。

总之，任何管理都是灵活多变的，管理者最忌讳的就是一成不变的管理。因为执行管理的最终目标就是要有一个最佳的工作结果，所以管理者必须是一个懂得授权的人，只有这样，团队才能够形成一股合力，在完成工作任务的同时，也成就了一个优秀的能打硬仗和胜仗的团队。

靠自己解决所有问题，早晚会累死

实际上，从我们开始工作的第一天起，我们就明白一个道理：一个人是做不完所有工作的。就算你有三头六臂，就算你的能力超群，你一个人也是无法完成所有工作的。简单地说，工作必须由团队合作才能够完成，才能够得到最好的工作结果。

作为一名管理者来说，你的能力是大家有目共睹的，否则你也不会得到上级领导的重视，从而成为一名管理者。但是管理者自身必须知道，工作中的所有问题不能只靠你一个人来解决。如果你可以解决所有的问题，那么还要你的上级领导和下属员工做什么？况且，就算你一个人可以解决所有的问题，那么在你还没有把问题全部解决之前，你就已经被累死了。

这个道理非常简单，只是有些管理者不愿意承认而已。有些管理者觉得只有自己解决了问题，才能够在下属员工面前树立威信，才能够让上级领导肯定自己的工作能力。实际上，管理者在下属员工面前的威信是建立在出色的管理的基础上的，而不是具体的办事能力；而在上级领导的眼中，管理者必须能够领导一个团队，否则你的个人工作能力再好，你也不会是一个优秀的管理者。

简单地说，管理者首先要清楚自己的角色定位，要做自己应该做的工作——管理，而不是去做具体的工作。

三国时期，蜀国主公刘备病死之后，在白帝城托孤给丞相诸葛亮。从此，诸葛亮开始了事必躬亲的"光复汉室"的毕生大业。不可否认，诸葛亮是一代名相，他如今已经成为了忠臣的代表、智慧的化身和勤奋的典范。然而，他事必躬亲的风格还是导致了他最终功亏一篑。

在白帝城托孤之后，诸葛亮认为刘禅不熟悉如何治理国家，所以所有事情都包揽了下来。于是，在此后的几次蜀国的重大战役之中，诸葛亮无不率军亲征。在军队中，大到军队使用的战略，小到粮草的运输、后勤的配给，他全部都亲自过问。最终由于操劳过度，身死五丈原。

《三国志》的作者陈寿最后这样评价诸葛亮："及备殂没，嗣子幼弱，事无巨细，亮皆专之。于是外连东吴，内平南夷，立法施度，整理戎旅，工械技巧，物究其极，科教严明，赏罚必信，无恶不惩，无善不显，至于吏不容奸，人怀自厉，道不拾遗，强不侵弱，风化肃然也。"从这段话中可以看到，诸葛亮连机械、兵器等一些很零碎的东西都事事亲为，这也是他最后心力交瘁，含恨五丈原的最大原因。

从上述案例中，我们可以得出一个结论：事必躬亲的诸葛亮最后还是没有获得成功，而若是他能够从全局出发，把手中的权力下放一些给手下的人才，也许早就"光复汉室"了。因此，事事亲为不见得就可以事事顺利，而只有发挥下属员工的主观能动性，启发他们自动自发地解决工作中所遇到的问题，才是一个管理者应该也必须做到的事情。

那么管理者要如何激发下属员工的工作主动性呢？答案其实非常简单，首先管理者要深入了解自己的下属员工，明白他们的优势是什么、弱势是什么。只有掌握了第一手的资料，管理者才能够做到有的放矢，发挥下属员工自身的优势，而让他们能够在工作中避开自身的弱势。

如此说来，管理者真正要做的不是具体地解决某一个或者某一些的工作问题，而是要明白这些问题如何让下属自己解决。管理者首先明白，工作任务不是你一个人的，而是整个部门或者团队的，只有人人都工作，人人都负责任，才能够更加顺利地完成工作，获得更好的工作效果。

一个人的力量绝对是有限的，因此管理者要调动起每一个团队成员的工作能力，让下属员工不仅喜欢工作，而且能够把工作做好。做到这一点其实非常容易，只要管理者给予下属员工充分的信任，以及更多的发展空间。

从另一个角度上来说，非要靠自身解决所有问题的管理者，内心深处是极不自信的。因为他们害怕下属员工超越自己，或者对下属员工并不十分了解，不知道应该让谁去进行这一项工作。因此这样的管理者，只能够事必躬亲，在他们忙得不可开交的同时，他的下属员工们都非常悠闲，不知道应该做什么。这样的管理者，与其说是在管理，不如说是在做苦役。

传道：把最有效的工作方法教给下属

管理者应该做一个传道者，因为管理者是优秀的，也是熟悉各种工作方法的。管理者把最有效的工作方法教给下属员工，可以得到下属员工的尊重和支持。简单地说，在实际的工作中，管理者的主要工作任务就是要教会自己的下属员工，不仅要教会他们如何工作，而且要教会他们如何才能够更加有效地工作，并获得最佳的工作成果。

那么，对于管理者来说，怎样才能够让下属员工掌握最有效的工作方法呢？首先管理者要熟悉自己的下属员工，其次要掌握第一手资料，最后按照每一个下属员工不同的工作风格，让他们掌握最有效的工作方法。实际上，工作方法有很多，什么样的工作方法才最有效的呢？能够在最短时间里完成工作任务，而且可以获得预期的工作结果的工作方法就是最有效的。

一般来说，管理者都是具有一定工作经验的，正因为在自己工作岗位上的优秀表现，才能够得到上级领导的信任和赏识，从而成为管理者。作为承上启下的管理者，就应该起到传道的作用，而让你的下属学会最有效的工作方法就是传道最关键的一个环节。

被称为"酒店之王"的希尔顿酒店是一家非常重视企业内部人才培养的企业。该公司的总经理科特·斯特兰曾经说过："我们要靠那些受过严格训练和通晓本系列经营方法与程序的人，来承担责任并对所有挂希尔顿饭店牌子的旅馆进行管理指导。"

为了让所有的希尔顿员工都能够胜任自己的工作，希尔顿建立了三条培训措施：

第一，公司有自己的培训机构，对公司的管理人员进行培训。公司在蒙特利尔的伊丽莎白女王饭店的职业开发学院和瑞士的欧洲培训中心建立了两大培训机构。

第二，希尔顿建立了非常庞大的人才库。公司可以轻易地知道员工历年的表现，员工的资历、资格和对他们工作评价记录，以及他们是否愿意调动等信息。这样就可以帮助管理者顺利了解员工的实际情况，从而让管理者知道哪些人需要培训。

第三，希尔顿坚持业务监督。公司把分布在世界各地的饭店按地区划片、分片管理。为了保证本区域各个方面的一致性，区域副总经理和部门主任不断到各个饭店进行巡查。这样能够直观地了解到员工的工作情况，从而分析出公司哪一方面的人才比较短缺，并往那个方面着重培养。

通过希尔顿一系列的培养机制，让很多员工在希尔顿内部都成长得很快。希尔顿的中层管理者几乎都是通过自己公司的培训来的。这在很大一部分上减少了人才的外流，节省了招募人才的成本。

从上述案例中，我们可以得出这样一个结论：只有对自己公司的员工不断培养，才能让培养出的人才更好地为公司工作。这个道理运用到我们的实际工作中，也是非常适合的。我们要把自己的下属员工都教导成聪明的执行者，让他们用最有效的工作方式，获得最佳的工作结果。

简单地说，就是管理者要让每一个下属员工都学会工作，并且形成一套最适合自己的工作方式。因为员工是自己最清楚自身的优势和弱势的人，管理者把最有效的工作方式教给他们，他们就会逐渐形成自己的工作风格。这样做在有利于工作和团队建设的同时，也能够帮助下属员工尽快地进入到最佳的工作状态中。

从另外一个角度说，下属员工掌握了最有效的工作方式之后，管理者就可以有更多的时间来做自己的管理工作，而不用亲自去做很多具体的工作。如果管理者在工作任务布置下去以后，就可以等待下属员工给自己一个满意的工作结果，那么管理者的时间就可以都用在管理工作上。

而如果管理者在布置工作任务之后，还要不断地纠正下属员工的错误，矫正他们的工作方法，那么这样的管理者一定很忙碌的，而不会有时间提高自身的管理水平，完成自己的管理工作。

如此看来，管理者的传道是非常重要的，也是管理者能够更好工作的一个基本前提。把最有效的工作方法教给自己的下属员工，管理者就可以放心地给他们布置工作任务，放心地做自身的管理工作，而不需要担心这个，担心那个，一会儿要纠正这个，一会儿要指导那个，不仅耽误了下属员工的工作进度，也让自身的管理工作陷入了僵局。

授业：权力下放，最好的管理是少管

现代企业管理者必须学会权力下放，实际上，权力下放对于管理者来说，正是非常困难的一项工作。权力下放到什么程度？权力应该如何下放？这些都是困扰着现代企业管理者的难题。如果权力下放得当，自然会对团队产生正面的影响，不仅可以提升团队的工作效率和工作质量，也可以让团队的凝聚力有一个非常大的飞跃。

但是如果权力下放不得当，那么不仅会给管理者带来不小的麻烦，而且也会对团队成员产生不良影响。这样，在破坏团队合作精神的同时，也会让团队成员之间产生不小的嫌隙，造成不团结的恶劣因素。

由此看来，作为一名优秀的管理者，我们在学会权力下放的同时，也要懂得权力下放的尺度。实际上，当管理者明白了权力下放的尺度之后，我们就会发现，最好的管理方式就是少管。对于下属员工来说，只有管理者少管了，才能够使其充分发挥出主观能动性，才能够调动起他们的工作热情和工作积极性。

对于团队来说，只有管理者少管了，团队中的个人才能够发挥自身的优势，承担起更多的责任，更多地运用自身的聪明才智。这样的团队才是具有凝聚力的高效团队。反过来说，如果管理者一味地集中权力，把权力都掌握在自己的手里，那么就会影响到下属员工的个人发挥，不仅限制了下属员工自动自发地工作，而且也会让团队中成员受到束缚，而无法有创造性地工作。我们来看一看麦当劳的总裁克罗克是如何下放权力的吧！

　　麦当劳的总裁克罗克是一个很懂得下放权力的一个管理者。他认为，适当地下放权力不仅不会阻碍到年轻员工的发展，而且还会对年轻员工的成长带来很大的帮助。因此，克罗克从不独裁。他说："我喜欢授权，而且一向尊敬那些能想到我想不到的好主意的人。"虽然有些主意他也采取禁止的态度，但大部分情况下，他都鼓励年轻的员工提出不同的意见，并很愿意将他们的想法付诸实践。他曾经说过："假如有人给我出了一个很好的主意，我肯定会让他试一段时间。也许有的时候会做错事情，但是即使做错了事情，我们也可以一起成长。"

　　在麦当劳，每一个员工都有自己的空间，克罗克给了他们充分的授权，但是也要求他们必须承担相应的责任。在分权管理的制度下，麦当劳的管理者表现出了对公司很高的忠诚度和团队精神。麦当劳给那些渴望想表现自己的员工提供了一个展示自己的舞台。桑那本就是其中之一。

　　桑那本是一个比较严肃、冷漠、深沉的人，他感兴趣且擅长的是财务数字上的问题，而克罗克却对此一窍不通。桑那本在理财方面的眼光让他看到了地产业的前景。而地产业对于快餐业而言是具有一定的危险性的，但是克罗克却同意让他放手去做。因为克罗克认为，桑那本可能会犯错，但是他能够在错误中成长。然而，桑那本却成功了，并且使麦当劳在纽交所成功上市，自己也成为了麦当劳的财务总经理。

　　除了桑那本之外，克罗克还把权力下放给了很多有真才实学，而且对公司很忠心的人才。马丁诺在人际关系方面具有天赋，康利善于招募加盟者，史恩勤会设计建筑和标志，这些人都成为了麦当劳的高管。美国很多人都愿意在麦当劳工作，因为在那里，员工有足够的权力做自己的事情。

　　从上述案例当中，现代的管理者应该可以明白一个道理：管理者需要把权力下放，而最好的管理方式就是少管。这就是现代管理者必须学会的授业方式。下放权力，管理者才能够和自己的下属员工打成一片，才能够真正地走进下属员工的心里，才能够获得他们由衷的尊重和支持。只有下放权力，管理者才能够用最真实的自我，去赢得下属员工的心。

当然，管理者的权力下放并不能够和什么都不管画等号，少管也绝对不是不管。那么管理者应该管些什么呢？管理者应该管的是基本原则，也就是企业的规章制度，更是工作中必须要达到的预期目标。准确地说，管理者只管工作目标的正确性，并且要保证获得最佳的工作结果。

管理者的授业就是要使得下属员工明白，具体的工作必须由下属员工自己做，而管理者要把手中的权力下放给他们，以便他们能够更好地运用这些权力，去完成分内的工作。在管理者权力下放的同时，管理者也要负责监督这些下放的权力，不能够让权力处于没有监督的真空状态中。管理者的心中要始终敲响这样的警钟，就算权力下放，也要对权力负责到底。对于权力，管理者千万不能够只下放不监督。

解惑：在员工无计可施的时候伸出援手

管理者还有一项非常重要的日常工作就是：解惑。什么是解惑呢？就是管理者必须在员工无计可施的时候，伸出自己的援手，帮助他们解决问题、摆脱困境。再简单一些说，下属员工是在执行你布置的工作任务，因此在他们没有办法顺利完成工作的时候，作为管理者，你就必须想出解决的办法。

有些管理者只会抱怨自己的下属员工不够优秀，没有工作能力，无法达到自己的要求。但是，因为你是管理者，所以下属员工的问题就是你的问题，下属员工对工作无计可施不是因为他没有尽力，而是因为你没有找到管理他们的有效方式。所以，当下属员工无法达到管理者的工作要求时，管理者就要对下属员工伸出援手，帮他们一把，让他们能够在工作中更上一层楼。

那么，管理者如何为下属员工解惑呢？这里面有一个时机问题，如果在下属员工的能力没有完全发挥出来之前，管理者就干预下属员工的工作，那么结果就是，下属员工对管理者形成了某种程度的依赖，以后也会事事都依赖管理者。

因此管理者要在下属员工感到无计可施，不能够正常地把工作任务进行下去的时候，再把解决的办法说出来。如此一来，下属员工不仅会从中获得一定程度的工作经验，而且也会从心里对管理者产生信服感和尊重感。管理者只有在适当的时候，用适当的方式为下属员工解决工作中的难题，才是真正的解惑。

孔子在教授弟子的过程中，师生之间多以问答的形式来解惑。孔子为弟子解惑根据不同的问题有以下三种不同的处理方式。

第一种方式，如果弟子的问题是没有意义的，孔子会不做任何答复。

弟子樊迟曾经向孔子"请学稼""请学为圃"，就是问孔子如何种地、如何种花，孔子则告诉他"吾不如老农""吾不如老圃"，意思是我既不是老农也不是花匠，这个问题你还是去问他们比较合适。

第二种方式，如果弟子已经明白了问题的答案，那么孔子不会用自己的答案去规范弟子，而是会尊重弟子的个人意见。

弟子南宫适问："羿善射，奡荡舟，俱不得其死然。禹稷躬稼而有天下。"意思就是说："羿善于射箭，奡善于水战，最后都不得好死。禹和稷都亲自种植庄稼，却得到了天下。"

对于这个问题，"夫子不答"，也就是说孔子没有回答，但是孔子在南宫适走了之后，却说："君子哉若人！尚德哉若人！"意思就是表扬南宫适是一个非常值得人尊敬的君子。

简单地说，孔子从南宫适的问题中听出来，实际上南宫适已经有了自己的答案，因此孔子没有回答他，而是从南宫适的问题中看到了他的为人。

第三种方式，如果弟子对某些问题的理解存在偏颇或不解，孔子则会敞开心扉与弟子辩论，让弟子在辩论的过程中得到答案。

弟子子张问："士何如斯可谓之达矣?"子张问孔子："读书人怎样做才能够通达?"

子曰："何哉，尔所谓达者?"孔子反问："你说的通达具体怎么解释?"

子张对曰："在邦必闻，在家必闻。"子张说："在朝为官一定要有名声，做家臣也要有名声。"

子曰："是闻也，非达也。夫达也者，质直而好义，察言而观色，虑以下人。在邦必达，在家必达。夫闻也者，色取仁而行违，居之不疑。在邦必闻，在家必闻。"

孔子说："你说的名声不是通达，通达的人正直坚强，有情有义，懂得察言观色，并且对人和蔼谦虚，这样的人无论是做官还是做家臣，都会是通达的人。有名声的人，表面上是仁义道德，而行动上却违背仁德，行为表里不一很可疑，这样的人才是所谓有名声的人。"

在这一段对话中，孔子向子张详细地解释了什么是"士"的"达"和"闻"，使得子张茅塞顿开，从此明白了自己应该成为怎样的"士"。

现代企业的管理者应该从孔子为弟子的解惑的这三种方式中，获得一些启示。对于下属员工面临的不同问题，管理者应该区别对待。如果对于下属员工的问题，管理者不擅长，那么就要找到擅长的人来解决。如果下属员工的问题已经得到了解决，那么就算和管理者预期的方案不一样，只要可以很好地解决问题，管理者也不要去干预。

但是，当下属员工对某些问题感到困惑而无计可施的时候，管理者就要正面而积极地帮助下属员工，用自己的智慧和经验为下属员工解惑，以求能够达到彻底解决问题的目的。管理者应该有孔子的智慧，能够分辨出下属员工什么时候需要我们的解惑，什么时候不需要我们的帮助。

准确地说，管理者要用最合适的方式去为下属员工解惑，如果管理者不能够很好地运用解惑的方式，那么所得到的效果也许会非常不理想。只有管理者明白了何时解惑、如何解惑之后、下属员工才能够真正地信任管理者，管理者也才能够树立起真正的威信。

管理者为下属员工解惑这件事情，表面上看起来非常复杂，而实际上，解惑的核心在于，管理者首先要看到下属员工的"惑"在哪里，他们有没有能力自己解开这个"惑"，如果他们有能力自己解决的话，那么就算和管理者的解决方式不一样，管理者也不要去过多地干预。但是如果下属员工凭借着自身的能力无法解开这个"惑"，管理者也不能袖手旁观，认为反正是他的工作，他自己想办法吧！当下属员工无计可施的时候，管理者要坐下来和他们讨论，让他们明白"惑"之所在，然后用启发式的方式，启发下属员工最好能够自己找到解决的方式。

工作结果才是你需要关注的重点

对于管理者来说，真正需要我们关注的重点只有一个——工作结果。因为企业是靠着工作结果来生存和发展的，个人则是靠着工作结果在企业中得到发展机会的。准确地说，工作结果是一个企业的命脉，也是企业员工赖以生存的基本条件。

企业之所以需要管理者，就是为了让管理者带领员工获得更多更好的工作结果。没有工作结果，就算工作过程再完美、再顺利，都是没有任何意义的。没有工作结果，无论我们付出了多少努力和汗水，都只能算作是无用功。因此工作结果非常重要，而管理者的工作重点就是要获得每一项工作的预期结果。

简单地说，作为管理者，我们所有的工作和所有的努力，都是为了能够达到预期的工作结果，完美地完成每一项工作。因为对于上级领导来说，管理者的工作结果就是工作能力的体现，没有工作结果的管理者是不会受到重用的；对于下属员工来说，工作结果就是工作业绩，没有工作业绩的团队是不会具有凝聚力的。

由此可见，工作结果对于管理者来说是多么的重要，我们必须重点关注工作结果。

至今为止，我国已经改革开放30多年了，但是在改革开放之初，国内存在着各种各样的反对声音。这些声音都是怀疑改革开放政策的，有的说："改革开放把社会风气都搞坏了。"也有的说："改革开放本身就助长了社会的不良习气，流氓地痞都先富起来了，老百姓怎么办呢？"还有的说："必须马上停止改革开放，不然中国就要一败涂地了。"

这个时候，改革开放的总设计师邓小平同志，把自己在20世纪60年代中就已经阐明过的观点重申了一遍，他说："哪种形式能够比较容易、比较快地恢复和发展农业产业，就采取哪种形式，不管白猫黑猫，抓住老鼠就是好猫。"

在这里我们不探讨邓小平的话，对改革开放起到了怎样的纲领作用，我们只说这句话对于工作结果的重要性进行了明确指向。企业中的管理者就是要本着"不管白猫黑猫，抓到老鼠就是好猫"的态度，来对待工作结果的产生。

从字面上的意思来理解，猫就是要抓老鼠的，只要抓到了老鼠就是好猫，抓不到老鼠就不是好猫。引申到我们实际的工作中，工作就是要有结果的，只要能够得到预期的工作结果，无论用何种工作方式都是可以的。

作为管理者，千万不要对一些自己不熟悉、没用过的工作方式存在偏见，好像白猫抓到的是老鼠，而黑猫抓到的就不是老鼠了。凡是能够把工作结果摆在你面前的下属员工，就是好员工，就是管理者应该重视和重用的员工。

管理者的目光不要放在不该放的地方，用一些不必要的条条框框去限制和束缚下属员工的工作创造性。管理者的目光就是应该放在工作结果上，而不是放在工作方法或者是什么人完成的工作上。

邓小平的"白猫黑猫"论，最大限度地解决了生存力和生存方式的问题。而用在我们的实际工作中，白猫黑猫论也可以让管理者懂得一个浅显的道理：怎么工作不重要，什么人在工作也不重要，最重要的就是工作结果，只有工作结果才是管理者工作中的重中之重。

当我们踏上管理者的工作岗位之后，就意味着一个新事业阶段的开始，从此之后，我们的工作重点就会发生很大的转移。作为管理者，我们必须做好这样的心理准备，因为在管理者的工作岗位上，你会发现，上级领导会跟你要工作结果，下属员工会看你的工作结果，所以你的工作重点就应该逐渐地转移到工作结果上来。

重视工作结果看起来非常简单，在实际工作中做起来就不那么简单了。首先，管理者要在工作任务开始之前，就确定一个比较有共识的预期结果。这一点很重要，要让具体工作的下属员工知道管理者的预期结果，才能够更好地开展工作。

其次，在工作的过程中，管理者要时刻关注工作进程是否顺利和正确，但是非必要的时候，不要轻易去干涉下属员工的工作。管理者应该是一个中间人，在对上级领导负责任的同时，也要对下属员工起到监督和指导的作用。

最后，管理者要懂得分享工作结果。既然工作是大家一起做的，那么无论是成绩还是责任，作为管理者你都是有一份的。有些管理者只想着要成绩，而把责任推给下属员工，这样的管理者在失去民心的同时，也会失去下属员工的支持，以及上级领导的重视。

综上所述，对于工作结果来说，管理者一方面要做到关注、重视，另一方面也要懂得分享成绩、承担责任。无论如何，只有工作结果能够证明管理者的工作能力，也只有工作结果，可以让管理者带领的团队有活力、有热情。一个做什么工作都有好结果的团队，其成员和管理者一定都是非常优秀的。

因此，管理者一定要牢记：只有结果才是硬道理。管理者要以结果为导向，让自己做的一切工作都向着最终的结果努力。很多管理者没有从大处着眼，只顾眼前的利益，结果并没有把事情做成，这就是一种南辕北辙的表现。在我们的实际工作中，用最适合的身份去深入到下属员工之中，用最适合的语言去和下属员工交流，用最适合的方式去引导下属员工。这样做管理者就能够得到最好的工作结果。

对于下属员工在工作的过程中，运用一些个人化的工作方式和方法的现象，只要不是原则性的问题，管理者完全可以不必干预。因为管理者要的就是工作结果，而不是工作的过程和方式。所以，管理者一定要把自己的注意力放对地方，而不要偏离工作结果这个焦点。

难得糊涂，有些事不必太较真

老百姓有一句话："不聋不盲，不做家翁。"实际上，管理者在某种意义上就是一个部门或者一个团队的"家翁"。所以，管理者在面对一些不是原则性的问题，或者原则性不是太强的问题时，要抱着"难得糊涂"的心态去处理，因为有些事情真的没有必要太较真。

对于管理者来说，哪些事情是不必要较真的呢？

1. 非原则性问题

工作中有一些事情是非原则性的问题，比如，在工作期间，我想喝咖啡了，因为手里的工作没有忙完，我请你去为我倒一杯咖啡，这个时候你可以去也可以不去，无论去与不去都不会破坏任何原则。

准确地说，非原则性问题就是工作中的一些琐碎问题，它们和工作相关，但对工作也没有太大的影响。比如，不能因为你不给我倒咖啡，我就不工作了，或者我的工作就无法完成了。

因此对于管理者来说，对于类似这种非原则性的问题，不要管不要问，只要不影响工作的正常进行，我们就完全可以睁一只眼闭一只眼。如果琐碎的事情管得多了，太过较真了，那么正经的工作就会被忽略了。

2. 个人习惯问题

每一个员工都或多或少地有一些个人习惯，比如，有些人愿意在办公桌上摆一些私人物品，如相片、小植物等，这些都是个人的爱好，无伤大雅就没有必要进行硬性规定。也有员工习惯了办公桌上的凌乱，只要他自己能够找到需要的资料，管理者也没有必要一定要管。

对于这些个人习惯，管理者完全可以抱着接受的态度，尊重这些个人习惯和喜好。能够让员工自由地整理自己的办公区域，一定会给员工一个非常愉快的工作心情。心理学家认为，人的心情保持一定的愉悦度，可以更好地工作，并且可以提高工作中的创造性思维，对工作是非常有利的。

也许有些个人习惯在管理者的眼里是比较难以接受的，比如，管理者是一个非常注重整洁的人，而员工偏偏有堆积文件的习惯，对于这样的个人习惯，管理者需要本着一个原则：不影响工作。只要员工的个人习惯不影响正常的工作，那么管理者大可以"难得糊涂"。

3. 对工作结果不产生影响的事情

管理者必须知道自己要的是什么，自己的工作是为了什么。管理者要的就是工作结果，那么对于一些对工作结果不产生影响的事情，管理者完全可以不予理睬。比如，员工喜欢在工作的时候先完成不好办的工作，然后再去完成比较容易完成的工作。虽然这与一般的工作程序不太一样，但是只要对工作结果没有直接的影响，管理者可以不与其计较。

准确地说，管理者对于员工一些和自己不一样，或者不是很同步的工作方式，在大前提不改变的同时，也没有必非要进行纠正不可。因为你的工作方式不一定适合所有的员工，而员工在长期的工作中，一定会有一套适合自己的工作方式。

因此管理者对那些不影响工作结果的事情，应该抱着宽容和包容的心态去接受，这样做不仅有利于工作，也有利于管理者和下属员工之间建立一种和谐的工作关系。

每一个到过微软办公室的人都会羡慕在这里工作的员工，因为比尔·盖茨从来不要求他的员工穿正装、办公桌要整洁，甚至也不要求他的员工准时上班。因为在比尔·盖茨的管理理念中，他不在乎员工用什么样的方式工作，他要的就是员工可以用最好的智慧，提供出客户最满意的软件。

微软的员工办公区域可以说是应有尽有，沙发、茶点，甚至还有娱乐设施，比尔·盖茨是要自己的员工在最舒服的状态中，发挥出自己的优势，为企业提供出最好的工作结果。员工可以用各种各样的方式工作，比尔·盖茨从来都不过问。

有的人坐在休息室的沙发里抱着笔记本电脑工作，有的人一边听音乐一边工作，甚至还有的人躺在沙发里工作。而对于员工的种种个人习惯，比尔·盖茨也是非常能够接受的。

如此宽松的办公室管理，让许多人都不能理解，但是微软公司已经成为全球最成功的企业之一，微软公司的员工用自己的聪明才智，为全球数以亿计的人们提供最好的软件服务，比尔·盖茨本人也因为微软公司而成功地问鼎世界首富，登上了成功人生的巅峰。

从微软的办公室的管理中，我们可以看到一种非常理想的管理模式，同时我们也可以从中吸取一些好的经验。简单地说，管理者就应该对一切与工作无关，或者对工作结果不造成任何影响的事情，抱着一种宽容、包容的态度，做一个员工都喜欢的"难得糊涂"的"家翁"。

现代的市场竞争越来越激烈，比尔·盖茨的管理方式不见得适合所有的企业，但是作为新时代的管理者，我们的思维方式是需要不断更新的。我们要吸取优秀的、先进的管理经验，淘汰那些陈旧的、落后的管理模式，找到一条属于自己的发展之路。

在实际的工作中，管理者应该明白什么事情是必须要纠正和管理的，而对于其他事情，管理者应该做到"难得糊涂"。

依法办事，找到问题背后的责任人

管理者是企业中掌握规章制度的人，因此管理者必须依法办事，在原则面前不能有任何的私心和私下交易，找到问题背后的责任人，并且有一追到底的能力和气魄。无论是谁，只要他触犯了企业的规章制度，管理者都要有一查到底的能力。

管理者要做到依法办事是一件非常简单也非常复杂的事情，因为对于管理者来说，不可能没有任何顾虑地追查责任人，就算找到问题背后的责任人，也存在着惩罚轻重的问题。实际上，这些人情上和原则上的是非，都是有法可依的，只要管理者可以把握原则和制度，那么我们就可以做到

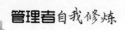

依法办事，有法可依，有法必依。

那么，管理者要如何做到依法办事呢？最重要的是要做到以下三个方面。

1. 把握住原则问题，寸步不让

有人问："什么是原则问题？"答案非常简单，企业的规章制度中规定的一切条例，都是原则问题。对于管理者来说，原则问题必须要寸步不让，坚持到底。比如，工作的过程中，你发现有人利用职权之便，收取个人的好处，而这个人是你的爱将，是你最得力的助手，这个时候，你要怎么办？这就是原则问题。

对于管理者来说，如果把握不住原则问题，那么他就不是一个合格的管理者，甚至会发展成一个对企业有危害的管理者。任何企业都不会重用无法把握原则问题的管理者，任何行业也无法任由其发展下去。

因此，管理者在面对原则问题的时候，必须是坚持到底的，无论面对的是任何人、任何事，管理者都必须寸步不让。原则问题不是一个可以商量、可以让步的问题，这是每一个管理者都必须坚持的。

2. 找到最后的责任人，一追到底

有些时候，管理者需要有一定的耐心去找到最后的责任人，因为对于有些工作来说，责任人不止一个，如果出现问题，那么我们要追究谁的责任呢？自然是最失职、最应该负责任的那一个人。比如，一项工作任务没有按时完成，从开始到最后有三个责任人，那么管理者就必须一追到底，把责任落实到具体的人的身上，这样才能够找到最后的责任人。

追查责任人的时候，管理者应该弄清楚事情的真相，千万不要只听取一面之词。俗语说："兼听则明，偏听则暗。"这句话对正在追查责任人的管理者是非常有用的，也是管理者需要坚持的原则之一。

3. 让规章制度说话，依法办事

管理者在对责任人进行处理的时候，不要掺杂个人的情绪，必须做到

依法办事。企业的规章制度就是要在这个时候用的，比如，员工需要对工作项目的延迟负责任，那么他的责任有多大，需要承担多大的责任，接受怎样的处罚，这些都不是管理者说了算，而是要用企业的规章制度来说话。

准确地说，管理者之所以是管理者，因为我们是企业规章制度的代言人，在处理原则问题的时候，我们首先要让企业的规章制度来说话，而不是我们个人的自说自话。管理者让员工信服的就是依法办事的行为，规章制度是不容许私人感情以及私人交易的。

阿里巴巴的创始人、集团董事局主席马云说："责任心有多大，舞台就有多大。"阿里巴巴有非常严格的追责制度，一项工作在开始前，责任就要落实到个人，如果这项工作出现了任何的问题，那么就是责任人要负责。不仅是责任人自己要负责，主管领导、项目负责人都在追责的名单里。

马云把责任心看作是对企业的良心，一个对企业没有责任心的员工，绝对不会成为一名优秀的员工，企业也不会给他任何的发展舞台，以及立足之地。因此，在阿里巴巴，每一个员工都是必须负责任的。如果你说不是你的责任，而是其他人的责任。那么好，你拿出证据来，证明这个责任不应该你来承担，否则你就必须承担起这个责任。

在马云的管理理念中，责任就是一幢大楼的地基，无论这幢大楼盖得有多漂亮，地基不稳也无法坚持太长的时间。而对于企业的规章制度，马云的态度是要上下一致的，无论是哪一个级别的员工触犯了企业规章制度，都必须要按照制度来进行相应的处罚。

责任就是责任，没有借口，没有解释，需要解释的就不是责任了，责任只需要承担。而对于阿里巴巴集团公司的管理者们，马云的要求是，他们必须掌握每一个责任人，如果找不到应该负责的人，那么责任就必须是由管理者自己承担了。

马云是当今最成功的企业家之一，他对于企业的管理理念是值得我们借鉴的。马云是一个非常看重责任的人，对于任何一个管理者来说，责任都是工作中非常重要的因素。而企业的规章制度提供给管理者一个非常好的标尺，管理者绝对不是自说自话地决定奖还是罚，而是必须依据企业的规章制度来做事情，这是原则性问题。

管理者既然要依法办事，那么就必须完全熟悉和掌握企业的规章制度，而且要对工作的每一个进程有深入的了解。如果你是一个对企业的规章制度一知半解的管理者，在追责的过程中，你的话是不具有权威性，员工也不会信服你的。

因此，管理者是依法办事的人，也必须是最守法的人，这样管理者才是最具有威信的人，才能够最终处理好责任人。管理者要记住：找到问题背后的责任人唯一的途径就是依法办事。

管中窥豹，细节监管更有效

管理者在工作的过程中，既要能够适当而有效地下放权力，也必须懂得管中窥豹，把握住对工作细节的监管。这样做的目的一方面是为了更好地了解工作的进程，以及能够及时地对下属员工遇到的难题进行帮助，并对他们的错误及时地加以纠正。另一方面也是要对管理者自身负责任，因为无论下属员工在工作中犯了任何的错误，其中都有管理者监管不力的责任。

那么管理者如何做到用管中窥豹的方式来进行细节监管呢？可以从以下四个方面着手。

1. 深入基层，不做脱离群众的"大老爷"

管理者要想做到有效的细节监管，就必须要深入到工作第一线，掌握完全正确的第一手资料。千万不要成为一个只坐在办公室里、脱离群众的"大老爷"。因为细节监管的重点就是管理者必须全面了解工作情况。

试想一下，不知道工作情况如何进行细节监管呢？管理者只有掌握了工作中的一切细节，才能够针对不同的人、不同的工作，进行强大而有效的监管工作。所以，管理者深入基层是非常有必要的。

2. 认真听取，从汇报中获取有效信息

管理者对于下属员工的工作汇报一定要足够重视，因为从不同下属员工的汇报中，管理者会获得许多非常有用的信息。比如，一个员工的工作汇报中说，工作进程非常顺利，而另一个员工的工作报告说，工作进程中有一些无法解决的困难。两个人汇报的是同一项工作，而内容和结果都有很大的差别。这个时候，就需要管理者出面监管了。只有及时地发现问题、纠正错误，才能够保证工作的顺利进行，而管理者获得有效信息的途径之一就是下属员工的工作汇报。管理者就是要通过这些工作中的细节，进行有效的监管工作。

3. 监管得当，不要轻易束缚员工的行为

管理者在监管的过程中，一定要注意不要把自己正常的监管工作，变成不正常的看管工作。有些管理者根本就不是在监管，而是在看管下属员工，并且时时刻刻用自己的方式，以及所谓的经验束缚员工的行为，束缚员工的创造性。

管理者的细节监管必须要注意分寸，过犹不及是不可取的。准确地说，管理者监管的是工作项目，而不是下属员工本身。之所以要管理者进行细节监管，就是为了让下属员工不产生被看管的感觉。

4. 管中窥豹，小细节解决大问题

对于管理者来说，小细节是不容忽视的，因为小细节中可以反映出大问题，也可以解决大问题。比如，工作中，管理者发现一个员工想机器还没有完全停止的时候，就动手开始操作。也许这样的操作是不规范的，但是员工已经习惯这样的操作了。这个时候，管理者就必须从这个小细节入手，规范员工的操作流程，杜绝一切安全隐患。

管理者要有管中窥豹的能力，从一个细节问题发现更多、更重要的问题，这就是优秀管理者的基本功。

清末时期的北洋水师又称北洋舰队，组建之初，无论是从人员配备上还是从武器装备上，都可以称得上当时世界级的精英部队。当北洋水师在山东威海卫刘公岛正式成立的时候，它是世界排名第八、亚洲排名第一的舰队。北洋水师的没落有许多历史的原因，更有当时当权者的因素，在这里就不一一赘述了。

在甲午海战即将打响之前，日本舰队对于北洋水师还是非常忌惮的，而只是因为一个细节就让日本舰队对北洋水师的忌惮全部消失了。可以说，这一细节也间接导致了北洋水师全军覆没的结局。

甲午海战开战之前，中日双方都急切地想要摸清对方的底细，就在这个紧要关头，一个日本的哨兵在望远镜里发现，北洋水师的一艘旗舰的围栏上，竟然挂着一条男士内裤。日本哨兵立刻把这个情况汇报给了上级，日本指挥部就从这一个细节中得到一个结论：北洋水师已经人心涣散，战斗力一定大不如前了。

就是因为这个细节，让日本人知道了北洋水师此时已经是外强中干的现状，并且抓住北洋水师的弱点加以攻击，最终让北洋水师全军覆没在黄海中。

我们对北洋水师的案例加以分析：如果北洋水师的管理者们能够严格地遵守一切规章制度，那么就不会在旗舰的围栏上出现一条男士内裤了。

就算是出现了，如果管理者能够及时发现这个细节，那么北洋水师就会及时调整作战方案，避免全军覆没的悲剧。

而日本舰队正是从这一个非常小的细节中，得到了北洋水师大量的军事情报，掌握了北洋水师的弱点。所以，在甲午海战最后决战的时候，战场上的情况就变成了敌人知道我们，而我们不知道敌人。这样的态势就注定了北洋水师的失败。

当今的商场上每一天都在上演着激烈的商战，俗语说："知己知彼，百战不殆。"这句话无论是对企业和企业之间，还是对管理者和下属员工之间都同样适用。管理者通过细节了解自己的下属员工，进行适当的细节监管，不仅能够及时发现问题，而且可以及时纠正错误，这样的管理才是有效的管理。

简单地说，只有对细节加以重视和监管，才能够让管理者立于不败之地，才可以让管理者始终掌握着自己团队的动向，并且在每一项的工作任务中，都能够获得最好的工作结果，提升团队整体的工作业绩，也为自己和团队的每一个成员搭建起最好、最广泛的发展平台，创造属于我们的成功人生。

第七章

有效沟通:
"听说"是一种智慧

　　管理者要保证自己的沟通始终是有效的,无论沟通的对象是上级领导还是下属员工。在沟通中,我们的沟通理念是:在沟通中,用心沟通要大于用嘴沟通。这种沟通理念也可以用"投(投其所好)、逃(避开争锋)、报(及时回馈)、理(有理有据)"来解释。

　　"投"就是投其所好,就是用对方喜欢的方式去和对方沟通,这样就会更容易和对方找到共同话题。"逃"指避开争锋,在与别人沟通的时候,尽量避开争锋,不为小事争辩,顾全大局。"报"是及时回馈,及时地向企业向领导汇报一下自己的工作成果也是必要的,否则可能会让别人以为自己做事不力。"理"就是指有理有据,这一点主要是指和别人沟通时,一定要努力以理服人,用事实说话。

沟通管理：用心 > 用嘴

由于管理者面对的沟通对象是多元化、多层次的，管理者必须学会用心沟通，而不是仅仅只用嘴来沟通。用心沟通的好处就在于，管理者不仅能够和沟通对象达成一定程度的共识，而且管理者从心出发，更容易打动沟通对象，能获得更好的有效沟通。

在很多的优秀管理体系中，沟通都占了很重要的一部分。不仅要沟通，还要做到用心沟通、有效地沟通。这样的沟通才能起到很直观、很有效的作用。纵观一些优秀的管理者，我们可以从中总结三点经验：

1. 用最合适的身份沟通，拉近与沟通对象的距离

管理者要在沟通之前就确定自己的身份，特别是不要混淆自己的身份。明确了身份之后，管理者才能够在身份上拉近和沟通对象的距离。这里说的身份并不是职务上的，而是能够让沟通对象在第一时间认同管理者的身份。

有的时候，管理者需要扮演的是协调者的角色；有的时候，管理者需要扮演的是传道者的角色。对于不同的员工，讨论的话题不同，管理者需要用不同的身份和员工沟通。例如，当有的员工对自己的薪酬表示不满的时候，管理者需要以一个对等的身份和这个员工交流，这样员工才能够知道自己干了多少工作，应该拿多少薪酬。

在实际的工作中，管理者当然不必从根本上改变自己的身份，而是要掌握第一手资料，从身份上拉近和沟通对象的距离，尽快进入到有效沟通的阶段。

2. 用最合适的语言，让沟通对象能够听得懂

对于管理者来说，沟通对象会来自不同的社会群体，以及不同的阶

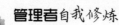
层。因此对待不同的沟通对象，管理者就不能够用一成不变的语言，而是必须学会用沟通对象的语言来进行沟通。简单地说，就是沟通对象是什么语言风格，管理者也需要用什么样的语言风格，如此一来，才可以保证管理者说的话，沟通对象能够马上并完全理解。

由于下属员工，特别是一些工厂里的员工，他们也许并没有很高的学历。所以，管理者如果和他们说一些空洞的大道理，他们一方面可能会理解不了，另一方面可能还会觉得这个管理者没有实际能力，只会说些大道理，让人厌烦。所以，和员工沟通的时候，管理者应该尽量用一些通俗的、容易理解的言语。这样，员工才会越听越觉得有道理。

在实际的工作中，管理者要在沟通的过程中，学会使用沟通对象的语言风格，以及常用的语言种类，这样做才可以让对方理解你，你也可以理解对方，沟通才能够互动起来。

3. 用最真诚的心，跟沟通对象以心换心

进行一场有效沟通必备的条件就是要用心，管理者必须用心对待沟通对象。管理者要率先表示出自己的沟通诚意，那么沟通对象才有可能与我们以心换心。管理者要经常换位思考，多为沟通对象着想。只有明白了沟通对象想要什么，想得到什么样的有效信息，管理者才能够有的放矢，沟通就可以做到事半功倍了。

管理者在与员工沟通的时候，一定要真诚地与之沟通，用心地与之交流。管理者对员工真诚，员工才会用同样的真诚回馈给管理者。这样，两者之间才会产生信任，产生默契，彼此之间才可以互相合作，共同为企业奋斗。

在实际的工作中，管理者无论面对什么样的沟通对象，都要首先学会为对方着想，考虑对方的环境和心态，才能够在沟通的过程中做到将心比心。

1980 年，通用电气公司已经到了山穷水尽的地步。在这个危难关头，年仅 44 岁的杰克·韦尔奇临危受命，担任董事长和总裁的职务。

韦尔奇上任后，进行了一系列的改革，其中最重要的就是宣布通用电气会是一家"没有界限的公司"，员工们可以毫无保留地说出自己的意见和建议，这也成了通用电气的一种企业文化。

在通用电气公司，每年都有两万多名员工参加一种"大家出主意"会。这种会议时间不固定，每次都有 50～150 人参加。通过每一次畅所欲言的讨论，可以更好地解决工作中遇到的各种问题，同时也提高了大家分析问题和解决问题的能力，不仅员工要参加，管理者也要参加，这样就大大增加了这个会议的含金量。

在参加这种"大家出主意"的会议时，韦尔奇总是带头参加。通过和员工们的用心沟通，他能够很快地找出自己管理中的问题，提高自己的工作质量，而且也在很大程度上调动了员工对公司发展的关心度。

从上述案例中我们不难看出来，韦尔奇的沟通之道就是用心进行沟通。管理者如何用心沟通呢？除了必须有的真诚和为对方着想的心之外，管理者还必须从一定程度上了解沟通对象。试想一下，如果韦尔奇在入主通用的时候，并不了解工人们心里在想什么，那么他又如何做到有的放矢，让工人们相信他，并且喜欢听他说话呢？

由此可见，管理者在沟通的过程中多用心少用嘴，正是能够和员工有效沟通的最大秘诀。用心沟通的管理者才可以在沟通过程中，得到沟通对象的信任，获得自己想要的有效信息，也才可以把自己想要传达的信息，告诉沟通对象，并且让沟通对象信任自己。这样的彼此交换有效信息的沟通才是成功的，才是双赢的。

在现代的企业管理中，管理者的位置非常特别，我们要面对的沟通从形式上和从对象上，都是多种多样的。如果没有一个真诚沟通的心，只想

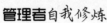
用嘴上功夫去应付这些沟通的话，这样的管理者一定不会成为一个优秀的成功的管理者。

因为只有用心沟通，才能够保证沟通的有效性，才能够在沟通的过程中获得双赢。

三句话定成败：30秒抓住沟通对象的注意力

管理者在实际的工作中，要面对非常具体的沟通对象，无论是平级同事、下属员工，还是上级领导，管理者在开口沟通的时候，三句话就能够决定沟通的成败。管理者的表达能力对于沟通来说是非常重要的，而抓住沟通对象的注意力，并且让他们在听你说的同时，也能够听懂你说的话，能否做到这些决定了沟通的成败。

在沟通的过程中，管理者需要注意一个问题，在沟通最开始的时候，要抓住沟通对象的注意力，让他们能够听你说，这不是一件非常容易的事情。科学研究证明，人的瞬间注意力只有30秒，这30秒约等于我们的三句话。管理者要如何在说出三句话之后，就可以完全吸引对方的注意力，让沟通对象能够静下心来听你说呢？

我们需要在沟通中掌握好以下三个原则。

1. 沟通目标简单明确

没有目标的沟通是不会成功的，但是目标过于繁杂的沟通也是注定要失败的。管理者在沟通之前就要确定一个简单而明确的主要沟通目标，千万不要糊里糊涂地说到哪儿是哪儿。简单的沟通目标会相对比较容易引起沟通对象的兴趣，构成沟通中非常良好的开端。而明确的沟通目标则表现出管理者清晰的思路，让沟通对象明白你要的是什么，所以给你的信息也会非常集中和明确。

管理者和员工沟通的时候一定要把自己的目标简单、明确地表达出来。有一个明确、简单的沟通目标，和员工沟通的时候才能知道自己应该说什么，不应该说什么。

在实际的沟通过程中，管理者一定要先明白，在这一次的沟通中，我要得到什么样的信息，我要达到一个什么样的沟通目标。

2. 熟悉并了解沟通对象

沟通是一个互动的双向的过程，只有一方在说或者在听都不能算是成功的沟通。因此管理者必须让沟通对象加入到这一次的沟通中，双方要成为彼此的沟通对象。如此一来，才能够构成一次完整而成功的沟通。所以，管理者就必须熟悉沟通对象是谁，并且了解沟通对象的全部需求。

每一个员工都是不一样的，管理者和员工进行沟通的时候，一定要先了解自己的沟通对象，然后才能够和他找到共同话题，从而把话题聊下去。若是对员工并不熟悉，又怎么找到共同话题，从而把话题聊下去，做到真正的有效沟通呢？

在实际的沟通过程中，管理者要清楚沟通对象的身份，多了解沟通对象的资料，读懂他们的内心，明白他们的需求。如此一来，管理者就可以对症下药了。

3. 设计正确的沟通方式

管理者自己要清楚沟通中我们要做一些什么事情，哪一个人或者哪一些人可以成为我们的沟通对象，我们要如何做才能够得到我们所要的信息。简单地说，管理者要知道：我在做什么，谁能帮助我，以及我所用的沟通方式是什么。

这三点当中，沟通方式是非常重要的，并且需要管理者在沟通前就精心地设计正确的沟通方式，在提高沟通效率的基础上，也会对沟通起到一定的推进作用，使得管理者能够顺利地从沟通中获得需要的信息。

正确的沟通方式会带来正面的沟通结果，只有通过正确的沟通方式，员工才会乐意接受管理者，才会愿意把内心的真实想法说给管理者听。若是管理者的沟通方法使用不当，有时甚至会引发管理者和员工之间的冲突。

在实际沟通过程中，管理者要针对不同的沟通对象，精心设计出正确的沟通方式，以便在沟通中取得更多的信息。

1994年，波音公司遇到了前所未有的困难，他们不仅在生意上遇到了困难，在公司内部也出现了很多的矛盾。新总裁康迪一上任，就邀请了所有的高级经理到自己的家中共进晚餐。饭后，康迪把大家叫到了他家门口的那片草坪上。

他在草坪中央生了一堆火，让每个人都围着火堆讲一件发生在波音的事情。很多人都说了最近公司一些不好的问题。有的抱怨有些高管根本不懂管理，有的抱怨某些地区的销售量太差，还有的认为波音遇到了瓶颈，需要快速解决。等每个人都说完后，消极的情绪在他们身上蔓延。

康迪请这些高级经理把不好的事情都写在纸上，然后，把那些纸片都扔在火堆里烧掉，以此来葬送波音公司的"阴暗"面。然后他又让那些高级经理讲一些与波音公司有关的积极的事情。随着这些事情一件件地讲出来，每个人的心情都变得很好，大家的信心终于又回来了。他的下属们都受到了很大的鼓舞，企业终于也渡过了难关。

在康迪的示范下，企业高层管理人员经常和员工们一起讲这种和波音有关的事情。这成了波音公司里一条不成文的规定。

上述案例中，康迪给了每一个人说出自己想法的机会，正因为如此，高级经理们才把自己的心里话说出来。接下来，康迪就用把不好的东西扔进火堆的方式鼓励那些高级经理们，使他们齐心协力战胜困难。

我们这里所说的三句话的沟通技巧，不一定就是非要三句话不可，管理者对于沟通如果准备充分的话，也许一句话就完全可以决定沟通的成败了。管理者应该向康迪总裁学习，无论是问话还是说话，都要紧紧地抓住沟通对象的心理和思想。如此一来，管理者无论是在与平级同事、下属员工，还是上级领导进行沟通的时候，都能够在最短的时间里，用最少的话，获得最多的有效信息。

看人下菜碟：与不同层次下属的沟通方法

管理者在沟通中要学会看人下菜碟，特别是在对待不同层次的下属员工的时候，管理者要懂得如何区别对待。如果管理者只用一种沟通方法与所有下属员工沟通的话，那么不仅会让沟通无效，而且也会让下属员工觉得管理者对他们不重视，从而在心理上对管理者产生不满和距离。

因此管理者必须针对不同层次的下属员工制定不同的沟通方法，并且在沟通的过程当中充分运用这些沟通方法，以达到自己的沟通目标。那么管理者在看人下菜碟的时候，要注意哪些方面的问题呢？以下是管理者在与下属沟通时要遵守的三大原则。

1. 平等沟通，不要约束下属员工

管理者在面对不同层次的下属员工的时候，要发自内心地和他们平等沟通，特别是不要约束下属员工的沟通方法。管理者要懂得正是因为层次不同，所以不是所有的下属员工都可以适应你的沟通方式，相反，正因为你是管理者，你要去适应不同下属员工的沟通方法。

如果与之沟通的是文化水平和管理者差不多的下属员工，那么管理者就可以用自己的沟通方法进行。如果与文化水平相对较低的下属员工沟通，管理者就必须要多说一些通俗易懂的话，让他们能够明白我们的沟通意图。

最重要的是管理者不能主观地把下属员工分成三六九等，而是要平等地对待每一个下属员工，做到平等地与他们沟通。在沟通的过程中，不要对下属员工进行硬性规定，比如，你不许说这个词，你不许用那句话，等等。

2. 双向沟通，不要一个人自说自话

管理者在与不同层次的下属员工沟通的时候，要注意不要一个人自说自话。有些管理者在沟通的过程中会出现这样的问题，他把自己的意见表达得淋漓尽致，却不给下属员工任何表达的机会，最后才象征性地问一问下属员工的意见。实际上，这样的沟通是无效的，因为沟通都是双向的，单向的自说自话只能说是训话。

管理者要站在一定的战略高度上，给下属员工说话的机会。虽然下属员工的层次和修养都是不一样的，或许有些下属员工说的话没有什么建设性，但是既然是沟通就必须是双向性的。管理者一个人的自说自话是非常不可取的。

在实际的沟通中，有来有往才能够达到沟通目标，才能够让管理者获得有效的信息，才能够让下属员工充分理解管理者的思想和意图，以此来达到更好的更有效的沟通效果。

3. 技巧沟通，不要太过死板

看人下菜碟就是要对不同层次的下属员工区别对待，这就是管理者的沟通技巧。管理者在沟通的过程中，切记不要过于死板。有些管理者觉得我是管理者，我要有威信，所以就必须拘泥于一些形式和语言，结果就是下属员工有的不愿意说了，有的根本就不知道你要表达什么，有的则是不喜欢这样的沟通方法，索性你说什么他就听什么了。

这样的沟通是不会有任何效果的，因此管理者必须要技巧沟通，不要过于拘泥于形式，而把沟通变成了沟而不通。

日本索尼公司的董事长盛田昭夫是一个沟通的高手，无论面对什么样的沟通对象，他都能够非常快速地与对方建立起良好的沟通桥梁。在索尼的规模还不大的时候，他坚持和每一位职员进行接触，几乎每天晚上他都与年轻职员一起吃饭、聊天，直到深夜。

　　有一次，他去市中心办事，刚好有几分钟的空闲时间，他就去街上闲逛，偶然看见了一块"索尼旅游服务公司"的牌子，这个店他还没有听说过，就走了进去。他知道，销售员工不同于工厂的员工，用幽默的方式更容易打动他们。

　　盛田昭夫就对大家说："各位认识我吗？想必已经在电视上或者报纸上见过了吧。今天我特意来，让你们瞧瞧我的尊荣。看看与电视上有什么不一样。"大家都被他逗乐了，气氛一下子就活跃了起来。

　　无论对于哪一位索尼员工，盛田昭夫总能够找到最适合的沟通方法，让双方能够很好地沟通，始终保持一个很好的氛围。

　　分析上述案例，我们可以得出这样一个结论：对待不同的下属员工，管理者就必须要使用不同的沟通方法。准确地说，每一个层次的下属员工都有适合的沟通方法，作为一名优秀的管理者，必须学会各种不同的沟通方法，并且运用到实际的沟通中。

　　如此一来，管理者就能够在与下属员工的沟通过程中，获得更多的有效信息，并且可以与下属员工之间建立起有效的沟通机制，顺利地做到下情上达。管理者要明白，与下属员工的沟通是非常重要的事情，这样的沟通不仅可以让你眼观六路，耳听八方，坐在办公室里就可以知道天下事，而且当我们真正地掌握了与不同层次下属员工沟通的方法后，我们还会发现，我们的工作会越来越顺利，我们的事业会越来越成功。

　　从管理者的角度来看，下属员工的层次虽然是良莠不齐的，但是他们都是你的手下，都是你所领导的团队中的成员。因此，在与他们沟通的时候，管理者必须要一视同仁，然后才能够谈得上沟通的问题。如果管理者对待不同层次的下属员工，不是用不同的沟通方法，而是用不同的心理和态度，那么你就注定是一个失败的沟通者，也是一个失败的管理者。

看人决定沟通方法是每一个管理者都需要具备的能力，区别对待不同层次的下属员工，更是管理者日常工作中的重点。

跨部门沟通是可以机制化的

在管理者的日常工作中，有些时候需要管理者进行跨部门的沟通。而跨部门的沟通不是一件非常容易的事情，一方面，正因为是跨部门，因此没有上下级的隶属关系，要想让沟通更加顺利地进行，就必须要做更多的准备，以及更周密的安排；另一方面，跨部门的沟通过程中，由于管理者不太熟悉其他部门的计划和工作，就有可能造成沟通不顺畅或者沟通方法不正确的问题。

因此，要想在跨部门的沟通中获得更好更有效的沟通效果，并且两个或者多个部门都能够获得所需要的信息，管理者就必须把跨部门的沟通变成一种机制化的沟通。那么什么是机制化沟通呢？简单地说，就是按照一定的程序一定的规范进行沟通。

那么，对于管理者来说，如何才能够让跨部门的沟通机制化呢？机制化的沟通有什么样的优势呢？以下我们从三个方面加以说明。

1. **专人专项沟通，让不熟悉变得熟悉**

在跨部门的沟通中，沟通双方彼此的不熟悉成了最难解决的问题。由于部门之间的差异，无论是在工作范围、业务范围上，还是在人员配置上都有非常大的不同。因此管理者首先要派专人负责专门项目的沟通，让部门之间的不熟悉变得熟悉起来。

在跨部门的沟通中，很多时候是因为两个或者多个部门之间共同负责同一项工作。如果管理者今天让这个员工去和这个部门沟通，明天又派那个员工去和那个部门沟通，那么到头来就会变得一团糟，不仅会造成跨部门的沟通失败，而且会让信息堵塞，甚至会造成企业不必要的损失。

最好的解决办法，就是管理者在自己的部门当中，设立专人负责跨部门的沟通。而对于那些技术性比较强的工作项目，再抽调一名主管人员一起沟通就可以了。如此一来，其他部门也知道该找谁沟通，管理者也知道该找谁了解工作情况。

2. 规定程序沟通，让彼此都获得利益

每一个部门的工作流程都是不一样的，管理者不能够要求其他部门按照自己部门的工作流程走。因此，在跨部门沟通的时候，管理者应该和其他部门的负责人一起商量，制定出彼此都能够适应和同意的规定沟通程序。比如，什么时候开通报会，什么情况下开两个部门的会议，什么情况下只需要小范围的通报，等等。

俗语说："没有规矩，不成方圆。"部门和部门之间的沟通，就必须有共同承认的工作程序，这样才能够有效地形成沟通的机制化，并且让每一个部门都能够获得利益。沟通本身就是一个双赢的行为，而跨部门的沟通更是如此，所以需要规定完善的沟通程序，让每一个部门都获得应得的利益。

只有当部门之间的利益均等了之后，跨部门的沟通才能够进行得更加顺畅，其他部门才能够更愿意与我们的部门进行有效的沟通。

3. 机制化沟通，让合作更加紧密完整

跨部门的沟通非常有机制化的必要，机制化可以让每一个部门都了解沟通的全部过程，并且可以从沟通中获得有效的信息，从而有利于自己部门的工作和发展。如此一来，跨部门的合作才能够更加的紧密和完整。

机制化沟通的好处就在于，每一个部门只要遵守机制就可以了，而不

管理者自我修炼

用格外地去迁就某一个部门，也不用特别地照顾某一个部门。机制化沟通在保证了所有部门的利益之外，也能够保证部门和部门之间的平等合作关系。

宝洁公司是一家规模庞大、产品众多的跨国公司。它所实施的多品牌战略，有效地划分了不同的消费者，这样做可以让公司的发展前景更加明朗。但是，同时也带来了互相组织和协调各个部门的难题。若是每个品牌之间不能互相沟通协调，不顾或者不了解公司的总体营销策略，就会不可避免地产生重复工作甚至摩擦。因此，宝洁公司十分重视部门与部门之间的互相协调。

在宝洁，员工之间的交流主要是通过内部会议和企业的内部网络进行的。对于品牌经理而言，他们需要定期召开碰头会，会上各种品牌的经理都会把前一段时间的工作业绩和品牌推广向每个人做一个简要的汇报。然后，他们会共同讨论和沟通如何推动下一阶段的工作。同时，对未来一段时间内工作的工作重心、品牌营销的战略构想、各种社会公共关系的安排等做一个沟通。

就是这种跨部门的机械化的沟通机制，让每个部门都能够明确自己一段时间内应该做什么，怎样去合作，最终实现共同目标。这也是宝洁能够长时间保持很强大的竞争力的原因之一。

从上述案例中，我们可以总结出这样的经验：经过跨部门之间的机械沟通，可以分享到更多的信息，从而让每个部门能够根据了解到的信息制订自己的发展计划。部门和部门之间的机制化沟通，也可以让企业赢得更多的市场利益，以及更大的发展空间。

跨部门的机制化沟通是一种看不见的规章制度，只要每一个部门都遵守这样的规章制度，跨部门的沟通就会是一件非常简单而顺畅的事情。如

162

此一来，企业中所有的信息资源就可以达到最大限度的共享。

因此，跨部门的沟通是可以机制化的，而沟通的机制化也可以为每一个部门都带来好处和利益。形成最大化的有效沟通，以及部门之间的完整合作关系，不仅可以让企业得到最大化的利润，也能够让部门的业绩节节高升。

沟通不畅，5秒钟扭转乾坤

在任何的沟通过程中，都会存在着沟通不顺畅的问题。那么管理者如何在最短的时间里扭转不利的沟通局面呢？答案非常简单，只需要一句话，5秒钟的时间就可以扭转乾坤，变被动为主动。那么是一句什么样的话呢？自然是一句可以抓住沟通对象命脉的话。

作为一名优秀的管理者，必须要有察言观色的能力，以及反败为胜的口才。有些管理者在沟通的过程中，既不看沟通对象的脸色，也不管人家愿不愿听，他只管说他的，成了标准的单向无效沟通。

因此，当沟通进行得不顺畅时，管理者就必须要及时打住正在进行的话题，凭着自己的观察力和口才，把对方的注意力用5秒钟的时间再一次地吸引到沟通中来，并且要迅速地重新展开对方感兴趣的话题，从而使得沟通能够顺利地进行下去。

那么，管理者要如何才能够做到5秒钟扭转沟通不顺畅的局面呢？我们需要从以下的三个方面入手。

1. 学会察言观色，读懂对方的面部语言

一般来说，每一个人的面部表情都是他们语言的一部分，而且是非常重要的一部分。许多心里想的，而嘴上不便说出来的话，都会毫无保留地写在脸上。而管理者在沟通的过程中，就是要学会读懂沟通对象的面部语

言，从而掌握沟通对象准确的心理活动，决定下一步的沟通计划。

简单地说，就是管理者要学会察言观色，从沟通对象的脸上看到一些信息，判断出我们现在所说的话题，沟通对象是不是在听，有没有听明白，以及还想不想继续这个话题。这些对于沟通都是非常重要的信息。

如果管理者可以读懂沟通对象的心理活动，那么我们在沟通的过程中就能够掌握主动权，随时找到沟通对象感兴趣的话题，把对方的注意力牢牢地吸引在你的沟通中。如此一来，管理者才能够顺利地进行有效的沟通，获得有效的信息。

2. 磨练好自己的口才，要说就说到点子上

毋庸置疑，沟通是需要好口才的，所以管理者必须磨练好自己的口才，只要说就必须说在点子上。有些管理者在沟通的过程中，漫无边际地说话，没有目标，没有重点，让沟通对象都不知道他到底想要表达什么意思，到底需要什么信息。这样的沟通只能够是无效的沟通。

那么管理者说什么才是说到点子上呢？自然是要说沟通对象想听的话，说他们想知道的信息。大多数时候，会说话的人不会长篇大论，而是只要短短的一句话，就可以让沟通对象立刻转变态度，把和你的沟通变得积极起来。

在实际的沟通过程中，要想在 5 秒钟之内扭转乾坤，就必须在沟通之前做好充分的思想准备和心理准备。不要小看这一句话，背后你要做的功课可是非常多的。

3. 修炼自身的能力，展现出最大的个人魅力

管理者是需要时刻修炼的，因为管理者的个人魅力在沟通中也是非常重要的因素之一。没有任何人喜欢和一个毫无个人魅力可言的管理者进行沟通，即使进行沟通也是敷衍了事的。因此，管理者的个人魅力也是 5 秒钟扭转乾坤的决定因素之一。

如果管理者本身是非常博学多才的，对于任何一个话题都掌握有度，

谈吐举止不凡，那么任何沟通对象都会对这样的管理者另眼相看。无论你说起什么样的话题，都会具有一定的权威性，让沟通对象信服。

当沟通对象信服管理者本人的时候，要想使得沟通顺畅而有效就变得简单起来。因为你的个人魅力已经征服了沟通对象，接下来的沟通就容易多了。

从某种意义上来说，公众演讲也是一种沟通方式，但是是一种比较困难的沟通方式。因为你是一个人对着许多人进行沟通，这样的沟通形式是非常不容易掌握的。

但是阿里巴巴的创始人马云，却很好地掌握了这样的沟通方式。马云最近这几年，每一年都会进行许多场次的演讲，不仅为阿里巴巴做宣传，也是为了帮助更多的年轻人能够顺利地成长起来。

马云的演讲往往在第一句话的时候，就能够吸引大多数听众的注意力。当他在台上发现听众有所松懈，注意力开始不集中的时候，他依然可以用一句话把听众的注意力吸引回来。因此马云就有了非常多的经典语录。

比如，他说："当你成功的时候，你的话就都是真理。""网络上面就一句话，光脚的永远都不怕穿鞋的。"。他的很多经典语录都被当下正在创业的青年奉为至理名言。

我们把马云的演讲技巧引申到日常工作中的沟通里，也可以得到这样的效果。当我们的沟通无法正常进行的时候，你用5秒钟来说一句恰当的话，就会提起沟通对象的兴趣，同时也可以打破沟通的僵局。

我们必须要承认，管理者不是万能的，我们不可能掌握所有的知识，因此某一些话题就是我们非常不擅长的。如果管理者在沟通的过程中遇到不擅长的话题，应该如何处理和应对呢？这个时候，管理者首先要保持冷静的头脑，并且保持适当的沉默，千万不要不懂装懂。这样做既可以保持我们的个人形象，也可以显示我们谦虚的一面，给沟通对象留下好印象。

管理者在实际的沟通过程中，要懂得如何掌握沟通的节奏，把沟通的主动权始终掌握在自己的手里。当遇到沟通不顺畅、不能够正常进行的时候，管理者就可以随时调整沟通节奏，在最短的时间里，重新找到沟通的切入点，使得沟通过程重新进入到正常的轨道中。

有效沟通的四个秘密武器

每一个管理者都希望可以进行有效的沟通，因为有效沟通不仅可以让工作能够顺利进行，而且也节省许多不必要浪费的时间。而面对各种各样的沟通，管理者有些时候是不知所措的，要是有有效沟通秘密武器就好了，只要拿出秘密武器，就能够轻松地应对各种各样的沟通了。

进行有效的沟通真的有秘密武器吗？没错，你说对了。有效沟通的就是有四个秘密武器，只要管理者可以掌握得当，就可以在沟通的过程中战无不胜了。那么有效沟通的四个秘密武器到底是什么呢？管理者在沟通的过程中要如何运用这四个秘密武器呢？以下我们来对这四个秘密武器逐个分析：

1. 真诚

在沟通管理中，用心是非常重要的原则之一，如何才能够做到用心呢？管理者对于沟通必须要用一个非常真诚的态度。俗语说："态度决定一切。"真诚的沟通态度就能够让我们得到有效沟通。真心诚意地对待沟通对象，从心底里坦诚相待，最终就会赢得沟通对象的尊重和信任。

在2000年的冬天里，马云和日本软银总裁孙正义见面了。马云没有对孙正义进行花哨的自我介绍和企业介绍，而是非常简明扼要地把阿里巴巴集团现在的情况一五一十地对孙正义说了。

孙正义见过各种各样的企业家，也经历过许多这样的场面，而只有马云的真诚打动了他。于是马云在 6 分钟的时间里，赢得了日本软银 2 千万美元的投资。事后，马云说："这是我一生当中最富有戏剧性的一次沟通经历。"

马云的案例告诉我们，任何花哨的语言和介绍，都不如一番真诚的对话有效。在所有的沟通当中，真诚是最有效的秘密武器。试想一下，我们也不愿意和一个不真诚的人进行沟通，那么人同此心，心同此理，只有真诚才是最好的有效沟通的秘密武器。

2. 倾听

俗语说："会说的不如会听的。"管理者在沟通的过程中，一定要学会倾听。因为只有听懂了对方的沟通意图，我们才能够做出正确的回应。而且倾听可以让管理者知道许多事情，比如，通过倾听，管理者可以进一步了解沟通对象的性格和喜好；通过倾听，管理者可以明白自己需要的信息应该从哪一个人那里获取；通过倾听，管理者可以在沟通的整个过程中，掌握住主动权，从而使得沟通有效而充实。

乔·吉拉德是非常具有传奇色彩的美国汽车销售大王，而他也有失败的时候，就是因为他没有认真地听客户说话，因此客户就拒绝了他的推销。

故事发生在一个午后，乔·吉拉德开始还非常热情地给一个客户推销汽车，眼看着客户动心了，马上就要成交的时候，客户却反悔不要汽车了。乔·吉拉德百般的推销都成了枉然，客户很坚决地拒绝了他的推销。

当天晚上，客户给乔·吉拉德打了一个电话，他说："我不是对汽车不满意，我是对你不满意，因为你没有认真地听我说话。"乔·吉拉德忽然全都明白了，因为他当时正在和另外的一名销售员说话。

从此之后，乔·吉拉德再也没有出现过这样的情况，无论在任何情况下，面对客户乔·吉拉德总是全神贯注地倾听，倾听的习惯也是他日后可以成功的关键因素之一。

从乔·吉拉德的案例中我们可以看到，倾听这个有效沟通的秘密武器是多么的重要。因为倾听不仅可以获得沟通对象的好感，还可以让沟通对象看到我们的沟通诚意。

3. 赞扬

任何人都喜欢其他人的赞扬，而管理者在沟通的过程中，要多用赞扬的语言，使得沟通对象能够在一种非常愉快而自信的情况下，与我们进行有效沟通。赞扬是需要一定技巧的，不要说的跟奉承和拍马屁一样，赞扬的话要发自内心，要说得自然流畅。管理者多赞扬一些沟通对象，就能够让沟通对象产生更加愉快的心情，并对对我们留下好印象，如此一来，沟通就会更加顺畅而有效了。

美国的天才管理者查尔斯·斯瓦布曾经说过："我认为我所拥有的最大的财富就是我能够激起人们最大的热情。要激起人们心中最美好的东西，最好的方法就是去鼓励和赞扬他们。"

认识查尔斯·斯瓦布的人几乎从来没有听过他说过哪一个人的不是，他总是用赞扬来对待自己的同事和客户。而且查尔斯·斯瓦布要求他的销售员们，必须能够找到客户身上的优点，并且加以赞扬。

赞扬是有效的秘密武器之一，也是最快获得沟通对象好感的秘密武器。

4. 宽容

人与人之间是需要宽容的，而能够用宽容去对待沟通对象的管理者一定是成功的。宽容的意义不仅仅是可以带给我们有效的沟通，还会让我们在职场上显得与众不同，并且拥有最多最好的朋友，开拓出与众不同的发展前景。

发明家爱迪生是一个非常宽容，而且也懂得如何宽容的人。当他千辛万苦地发明出第一个灯泡的时候，他让自己的助手拿着灯泡去做测试，但是这么珍贵的灯泡却被助手失手打破了。助手无助而忐忑地看着爱迪生，爱迪生却笑着对他说："没关系，我还可以创造出第二个灯泡来。"

有人问爱迪生为什么不发脾气，为什么不指责助手，爱迪生心平气和地说："宽容就是给他最好的机会，而最大的宽容就是再给他一次机会。"于是爱迪生把第二个灯泡重新交到了这个助手的手里，还是让他去做实验。

宽容别人就是给自己机会，因此宽容是有效沟通的秘密武器之一。

有效沟通的四个秘密武器是：真诚、倾听、赞扬、宽容。每一个秘密武器都有自己的用武之地，而作为一名优秀的管理者来说，这四个有效沟通的秘密武器我们都要掌握，并且要在沟通的过程中好好地加以运用。如此一来，我们的沟通必定会顺畅而有效。

如何应对"精明"和"难缠"的沟通者

管理者在沟通的过程中，会遇到各种各样的沟通对象，有的沟通对象非常好相处，而且和管理者本人也非常对脾气，能够与这样的沟通对象进行有效沟通，自然是最好不过了。但是俗话说："人若上百，便会形形色色。"管理者在沟通中遇到的人，何止上百呢？因此在面对"精明"的和"难缠"的沟通对象的时候，管理者该如何应对呢？

所谓"精明"的沟通对象，是指那些在沟通中只想得到你的有效信息，而不想做任何信息交换的沟通者。这样的沟通者主要表现为过于精明，即使他对你的信息很有兴趣，也会表现出一副无所谓的样子，并且对你所需要的信息，表现得非常惜字如金，甚至是讨价还价。

所谓"难缠"的沟通对象，是指在沟通的过程中，始终对一个话题感兴趣，必然要"打破砂锅问到底"的沟通者。这样的沟通者主要表现为不分场合不分地点地不停追问，也不管我们说话是不是方便，也不管这个场合是不是适合讨论他的话题，总之，他们好像就一个心思一样，好像你不说清楚他就不会放过你一样。

在周恩来总理的外交生涯中，碰到过无数个"精明"或者"难缠"的沟通者。而这些不好应付的沟通者，都被周恩来用机智的沟通方式，一一地应对了。面对精明的外国官员或者是难缠的记者的时候，周恩来总是会表现出大将风度，用幽默和机智化解了一个又一个的难题。

对于周恩来的沟通技巧，无论是国内还是国外都是有目共睹的。有一次一名外国记者问了一个这样的问题："请问总理先生，现在的中国有没有妓女？"这是一个非常难缠的问题，而周恩来面不改色地说："有。"并在所有人疑惑的神情中，补充了一句："中国的妓女在我国的台湾省。"

还有一次，在美国的访华代表团里，有一个自认为非常精明的官员说："中国人很喜欢低着头走路，而我们美国人却总是抬起头走路的。"

周恩来看了看这位非常得意的官员，不慌不忙、面带微笑地说："这并不奇怪，因为我们中国人喜欢走上坡路，而美国人喜欢走下坡路。"精妙绝伦的回答，不仅让那位得意的美国官员得意不起来了，而且也让所有的中国人都觉得扬眉吐气。

管理者可以借鉴周恩来总理对待“精明”和“难缠”的沟通者的对策，首先要有礼有节，不能够随意地发脾气；其次要懂得掌握分寸，不要把个人的情绪带到沟通当中，有节制地发表自己的观点，既让对方明白我们的意思，也不要轻易地得罪对方；最后，管理者一定要修炼好自己的个人修养，面对“精明”和“难缠”的沟通者的时候，我们必须做到平心静气，不仅要达到我们的沟通目标，而且也要适当地让对方明白：我们不是不知道他们的意图，只是我们不和他们一般见识而已。在表现出宽容大度的一面之外，也要给予对方小小的惩罚，让对方懂得适可而止。

　　当管理者在沟通中遇到“精明”和“难缠”的沟通者的时候，不要在自己的心里先入为主地认为对方是来挑衅的，或者觉得对方是不怀好意的，而是要率先表明我们的沟通诚意，并且认真地对待并回答沟通对象所提出来的所有问题。这对于管理者是一种很重要的考验，经历过这种考验的管理者才能够称得上是成熟而优秀的管理者。

　　管理者要明白，在沟通中我们代表的是企业或者是部门的形象，千万不要过于任性，觉得沟通对象太“精明”或者太“难缠”就不予理睬，这样做是不对的。总之，应对“精明”或者“难缠”的沟通者，管理者要记住：有礼有节，不慌不忙，不卑不亢，而面带微笑也是非常重要的。我们的心平气和会让对方知难而退，从而改变自身的态度，进一步保证有效沟通的顺利进行。

第八章

卓越领导:
魅力征服一切

　　毛泽东曾以"愚于近人，独服曾文正"盛赞曾国藩的领导魅力。曾国藩的领导魅力主要体现在他谦虚谨慎，从不独自居功，从而在团队、同事中建立了信任。同时，他深谙急流勇退的智慧。管理者也只有达到这种境界，才能成为一名真正卓越的领导者。

　　什么样的领导是卓越的领导？卓越的领导就是能利用自己的影响力为自己、为企业赢得利益。而杰出的领导者总是用自己的魅力征服一切。魅力攻势要比任何管理手段都要有用得多。那么，管理者如何能成功地展现出自己的魅力，用自己的魅力去折服员工、征服一切呢？这就要从管理者自身的能力、性格和价值观等做起。

影响力 PK 权力

在传统意义上，管理者在管理工作时依靠最多的是权力，而现代观点的领导则更多是靠其内在的影响力。一个成功的管理者不是身居高位，而是拥有一大批追随者和拥护者，并且使组织群体取得了良好的业绩。管理者的影响力日渐成为衡量成功领导的重要标识。

现在的企业中，管理者的工作并不仅仅是管理这么简单，他还要在团队中扮演着很多种角色，包括营造团队氛围的人、协调团队成员关系的外交家、宣传组织文化的传道者和引领员工找到正确方向的领头羊等。无论管理者担任何种角色，都需要管理者和其他的团队成员之间不断地沟通和互动，而互动的结果并非取决于职权的等级关系，领导者的影响力才是其中的关键所在。

在传统的观念中，管理者往往仅仅用权力来作为依靠从事管理工作。但是，现在的社会环境已经与过去的大不一样了，所以管理者的管理方式也与过去大不相同。在过去，员工们没有权利去选择自己的工作职位和工作待遇，所以，管理者的权力管理是有用的。现在，员工们都可以做出自己的选择，管理者和员工之间再也不是传统的阶级式的上下级关系，这也就标志着依靠权力来管理的管理模式的淘汰。因此，管理者最好就是利用影响力作为管理的核心来管理团队。

一般来说，管理者的影响力体现为主观和客观两个层面。在主观层面，管理者是否愿意更大范围地影响他人，是否愿意有更多的人追随自己的行动是决定管理者影响力大小的关键。这直接地反映在了管理者的行为上，具有较大影响力的管理者热情地推销自己的主张，极力说服他人，喜欢拥有追随者和支持者。管理者的影响力也就在这些行为中得到了充分的体现。

从客观方面来说，管理者的影响力就包含许多的因素，这些因素都能在一定程度上影响和制约着管理者的影响力。

1. 沟通能力

对于管理者来说，良好的沟通能力是影响力的桥梁和翅膀，在准确传达领导者意见、要求、决策的同时，也广泛传播了领导者的影响力。所以，对管理者而言，沟通能力是影响管理者影响力最重要的客观因素。管理者只有通过和下属员工、和同事紧密地沟通，才能够更加准确地了解信息，预防盲目；沟通还使管理者的领导行为具有良好的合作氛围和通畅的沟通渠道，促进领导决策的实施。良好的沟通能力在增加领导有效性的同时，也提升了管理者的领导力。

事实上，恰当的沟通本身就是管理者影响力的一个很好的体现。管理者在与组织成员平等交流、协商、显示合作意愿，同时开创前景的同时，增强了组织成员的参与感和认同感，从而进一步地增强了管理者持续的影响力。

2. 行业背景和从业经验

拥有良好的行业背景和丰富的从业经验会对影响力产生正面影响。广泛的行业知识便于领导者准确把握本行业的市场、竞争、产品、技术状况，对领导目标决策及其各方面管理的信服力有着重要的作用；同时，行业经验还可使管理者拥有良好的组织内和行业内的人际关系和声望，从而提升影响力。这一点也是不容忽视的，因为管理者对行业的熟悉度在很大程度上影响着属下员工。员工们在实际工作中遇到困难的时候，管理者把困难轻松地解决，当然会在员工的心中留下深刻的印象，管理者的影响力也可以在此得到很好的体现。

然而，近年来，随着职业经纪人的出现，行业背景和从业经验的要求在管理者的素质中的比重有所下降。员工们越来越关注"能去任何地方，管理任何事"的管理者。与此同时，现代社会的快速发展使得各种行业类型都离不开市场、技术和人才的竞争；虽然各个团队都有自己的管理框架和团队理念，但是科学化的管理已经成为大势所趋，一大批受过良好训练，虽然不具备同行业工作经历，但具有优秀领导组织经验的管理者逐渐被组织重视。在这种大背景下，管理者就需要做到观察员工们的业绩，聆听同事们的要求，确保需要帮助的员工能与能够帮助他的同事取得联系，从中渐渐体现出自己的领导力。

3. 个人的人格和价值观

管理者自身的价值取向也会在一定程度上决定着管理者的影响力。正直、自信、创新和具有进取精神等优秀的个人品格和素质也会在很大程度上提升着管理者的影响力和个人魅力。

1965 年，日本东芝电器公司正处在负债累累的困境之中，这时他们迎来了他们的董事长土光敏夫。土光敏夫就任之后，第一件事就是提升员工的士气，他说："东芝公司人才济济、历史悠久，是不会轻易倒下的，困难是暂时的，曙光就在前方，只要我们齐心协力，一切都会好起来的！"有一次，他听到业务员抱怨道："这笔业务我真是不想做了，唉，客户方的负责人经常外出，我多次登门拜访都扑了个空。"土光敏夫沉思了一会儿，说："请不要泄气，让我上门试试。"业务员听董事长说要亲自上门做业务，大吃一惊——董事长亲自上门推销，万一又碰不到那位负责人，岂不是太丢脸了？但是，土光敏夫并不顾虑什么面子问题，他认为最重要的是能做成生意。第二天，他亲自到那位负责人的办公室，果然未能见到对方。但土光敏夫并不马上告辞，而是在那里等了半天。那位负责人回来后，看到土光敏夫的名片，忙不迭地说："对不起，对不起，让您久等了！"土光敏夫毫无怒色，微笑着说了来意。那位负责人虽然知道自己企业的交易额不算多，但感动于东芝公司董事长亲自上门洽谈，觉得很有面子，便很快答应下来，谈成了这笔生意。最后，这位负责人握着土光敏夫的手说："本公司以后一定买东芝的产品，但是董事长您就不必亲自来了。"

在上述案例中土光敏夫用自己的行动给公司员工上了很好的一课，从此，东芝上行下效，形成了很好的工作氛围。管理者的人格和价值观还会潜移默化地影响着组织成员，成为组织的行为标准，具备优秀人格和正确价值观的管理者使团队成员产生敬佩，其影响力无疑会很快得到提高。

现代社会，管理者一定要通过自身的影响力管理团队，摒弃利用权力来管理团队的传统习惯，成为顺应时代潮流的管理者。

"爱心" PK "拳头"

有一家调查机构曾向职工提出这样一个问题：你最喜欢什么样的上级？大多数被调查者都提到一点，那就是要求上级有爱心。充满爱心的领导者必定有很强的人格魅力，并直接影响到企业的经营运作，也会渗透到企业的文化中。在爱心的包容下，企业管理层和被管理层的关系会变得融洽和协调，企业的制度才会被职工自觉地维护和遵守。而有些管理者偏偏喜欢用"拳头"的方式去管理员工，虽然有一些时候，这种"拳头"的管理方式会收到一些成效，但是从长远的利益来看，这种"拳头"的管理方式是不科学的。

从管理者的层面来看，什么是爱心呢？爱心就是管理者能够用非常温和、平等的态度来对待员工。这种态度当然会更得员工们的心，从而体现出管理者的魅力所在。无论是谁，都希望在一个充满爱心的管理者手下工作，因为员工们没有过大的心理压力，甚至会带着一种对管理者的欣赏情绪投入工作，当然会获得事半功倍的效果。人是一种情绪化的动物，一言一行都受到情绪的控制，管理者如果用更加有爱心的管理态度去管理属下员工，员工们会更加信任管理者，从而从心底去愿意为企业、为管理者工作。

而"拳头"式的强硬管理，也可以在一定程度上达成管理目的。但是这种管理模式只能在有限的时间和程度内达到管理者想要的目的，而且，这样很容易造成上下级的关系紧张。管理者管理的是员工，而不是机器。员工在工作中如果总是带着对管理者的怨气去工作，根本就不可能提高工作效率，还很有可能出现错误。这种压迫式的管理若是超过了一定的程度，还会激发出集体的对管理者的不满，甚至会引发冲突，造成无法收拾的局面，使企业蒙受损失。

因此，"爱心"式的管理比"拳头"式的管理更加符合企业的发展和社会的需要。员工是企业发展的动力和力量源泉，企业只有高度地重视和善待员工，才能使企业快速发展成为可能。那么，管理者该怎么做才能用爱心的方式对待员工呢？

1. 尊重员工

尊重员工是人事管理政策的立足之本。美国 IBM 公司喊出的口号就是"尊重个人"，如果员工不能在公司受到尊重，就谈不上员工能够尊重和认同公司的管理理念和企业文化。作为管理者，更应该身体力行，把尊重员工落到实处，而不是停留在口号上。

管理者要做的是尊重员工的言行，应该最大限度地与员工进行平等的沟通，而不是对员工的言行不闻不问，甚至大加指责。让员工能够在管理者面前自由地表达自己的意见和看法，这一点非常重要；尊重员工还表现在尊重员工的价值观，公司的员工来自不同的环境，有着各种的背景，所以每个人的价值观也会不尽相同。只有尊重员工的价值观，才有可能让他们融入到公司的管理理念和企业文化之中。

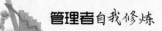

2. 不要随意评价员工

管理者在人事管理中，总是会有意无意地对员工进行一些比较和评价。这种比较和评价并非绝对不可以，但是必须是公正的，并且得是有意义的。对于一些随意的评价，最好能尽量减少。

由于管理者在团队中的特殊地位，管理者的评价往往代表着公司的评价，有一定的权威性。有些无意识的评价有时会因为缺乏严密的调查和思考而失真，这种不正确的评价如果被当事人听到，会产生抱怨的心理，并对公司及管理者产生不信任。如果管理者对几位员工做了不正确的比较，甚至可能还会引起员工之间的矛盾和冲突。

3. 以期望员工对待你的方式对待员工

人是一面镜子，你用什么态度对待他，他就会用什么态度对待你。管理者与员工相处时也是如此，管理者对待员工的态度就是员工对待管理者的态度。不要认为自己有一定的权力和地位就可以让员工更加尊敬你，虽然员工不会当面对你进行评价，但是员工私下里肯定对每位管理者都有自己的评价，而这种评价就来源于管理者对员工的态度和自己的工作能力。

4. 平等对待每个员工

管理者必须对企业里的每一位员工充满足够的兴趣，不能根据个人的好恶来亲近或疏远员工。对于人事管理者来说，他需要公平对待公司所有的员工，因为人事经理肩负着对公司整体员工管理的责任。

松下幸之助就是能对员工施以爱心，并且能够做到一视同仁的管理者。

有一天深夜，松下打电话到一个普通的干部家中，这位干部以为松下要传递什么重要的工作指示，没想到，松下竟然说："我突然很想听到你的声音。"在讲究辈分伦理的日本企业，松下的话让这位干部受宠若惊。松下以如此真诚感性的方式来表达对部属的关怀，任何人接到这样的电话都会觉得备受尊重，愿意为公司全力以赴地工作。

对每位员工充满兴趣，并不是一定与公司每一位员工都打成一片。平时和员工一个小小的沟通，或者像松下幸之助那样一个电话就足够了。管理者应该让员工感觉自己在公司中的重要性和地位。每个人都有被他人重视的需要，管理者要了解并满足这种需要，这样就可以更好地开展公司人力资源的管理工作。

用"爱心"去管理，肯定会比用"拳头"去管理要人性化的多。只有用一颗爱心去接近员工，去了解员工，自己的领袖魅力才会得以放大，才能更好地体现出管理者温情的一面。无论是谁，都喜欢和一个有爱心的人一起工作。管理者有爱心，他所在的企业也会使人感觉更加亲切。

仁义 PK 金钱

在管理者进行企业管理的时候，必须要有一个纽带把管理者和员工联系起来。有的管理者选择的是仁义的行为，而有的管理者则选择金钱的诱惑。仁义的言行是指管理者用比较宽容、比较温和的方式和员工相处，在管理者与员工之间建立起信任，使员工能全心全意地为企业贡献自己的力量。而管理者用金钱的方式使员工能认真工作则简单得多，管理者和员工之间只有赤裸裸的雇佣关系，没有共同的目标，只是一方为另一方工作而已。由此看开，管理者更应该用仁义的管理方式来管理员工。

人与人之间互相信任是双方能真心沟通的前提，所以，管理者和员工之间的信任是必需的。但是，在雇佣关系的这个特殊条件下，信任是很难建立的。管理者要想和员工之间建立信任，最好的办法莫过于在一个平等的平台上和员工沟通，让属下员工感受到管理者对自己的尊重，员工才愿意和管理者进行沟通，与管理者逐渐建立信任。这样建立的信任更加牢固，员工会对管理者更加信服，管理者的各种决策也可以更加高效地落实下去。

而管理者如果用金钱的方式去和员工们进行沟通，而不去尊重、体谅员工，这样是很难建立起信任的。虽然古代有"重金之下，必有勇夫"的说法，但是仅仅是建立在金钱之上的雇佣关系是很脆弱的。一旦有些风吹草动，这种浮于表面的关系很快就会破裂。这一点在优秀的人才身上表现得尤为明显，当有些猎头公司找到这些优秀人才并开出更加优厚的物质条件时，这些优秀的人才就会很容易流失。人才对企业的重要性不言而喻，人才流失对企业的损害是很大的。

对于整个团队而言，仁义的管理方式也会得到意想不到的效果。一个团队要想做出好的成绩，需要的是凝聚力，而管理者用仁义的管理方式也可以增加团队的凝聚力。管理者在团队中总是展现出宽容、温和的形象，可以营造一种很温和的团队氛围。在这种氛围中，员工可以互相交流，个性互补，这样就增加了团队的凝聚力，也会让团队的竞争力得到提高。而有些管理者用金钱建立的雇佣关系由于和管理者、和团队之间的关系仅仅是很浅显的利益关系，所以很难会为了企业的共同目标和同事通力合作。而在企业或者团队遭遇到一些困难的时候，这些员工就会从自身的既得利益出发，做出选择。

由此看来，仁义的管理制度是管理者所必需的，也是企业发展需要的。除此之外，管理者在工作中比较仁义，还会体现出管理者的领导魅力，增加管理者的领袖风采。

没有员工会喜欢一个凶神恶煞的上司，管理者用比较温和的方式去和员工沟通，并在员工的工作中遇到困难的时候积极主动地去帮助员工，这些都是管理者体现仁义的方法，显然，这些方法更能体现管理者的领导魅力。反观那些妄图用金钱换来领袖魅力的管理者，尽管表面上员工都对他非常恭敬，但是，这种恭敬却不能在实际的工作中得以体现。企业看重的就是一个团队的工作效益，所以，可以说，以金钱换来的领袖魅力不是真正的领袖魅力，这种魅力根本就不能给员工带来正面的影响，就更别提给企业营造良好的工作氛围了。

梁总是一家钢铁公司的老板。他的公司在创办之后，就一直效益很好。后来，梁总扩大了公司的生产规模，也重金聘用了几个钢铁方面的专家到公司里作为公司的技术核心。由于公司处在一个快速发展的时期，梁总总是忙于各种事情，就忽略了与员工们的沟通。当员工有事情找梁总商量的时候，梁总就说："我给你们这么高的薪酬，你们还找我商量，放心，只要给我干好了，钱少不了你的。"后来，经济危机爆发，公司的状况一落千丈，梁总的公司也大受打击，梁总再也承受不了员工们的高薪。尽管梁总对员工们不断劝说，并许下一些承诺，那些员工还是陆续离开了梁总的公司。没有了优秀的人才，梁总的公司状况越来越差，最后终于没有逃脱破产的命运。

梁总由于错误地以为只要用金钱就可以牢牢地抓住员工的心，从而为企业全心全意地工作。其实，员工更需要的是管理者的理解和尊重，这些梁总却没有给他们。这样的管理者，没有丝毫的领袖魅力，根本就不能使员工们对他产生信任，最后就只有走向失败。如果梁总当初能用仁义的管理方式对待员工，能和员工很好地沟通和合作，在员工和自己之间形成信任，相信无论公司处于什么样的境地，员工也会为了回报管理者的仁义而选择和梁总共渡难关，企业也不会走上破产的命运。

仁义是管理者体现领袖魅力很重要的一个部分，只有管理者对待员工仁义，管理者的领袖魅力才能体现出来，从而演化成和员工之间的信任，让员工对企业、对管理者产生一定的感情。同时，管理者的仁义还能在团队中营造自己在员工之间很好的口碑，这样员工就会真心实意地为企业工作，并且不会轻易地离开。金钱的约束只是表面的，无论是哪个企业，都不可能是一帆风顺的，当企业遇到波折的时候，管理者和员工之间的金钱关系就会变得十分脆弱，这会给企业致命的打击。

总而言之，管理者应该从仁义，而不是从金钱的角度去塑造自己的领袖魅力。只有仁义的管理者才会得到员工们的信任和理解，员工才会愿意为这样的管理者、这样的企业工作。这样，才能促进企业真正的腾飞，管理者也能成为优秀的、让人信服的管理者。

信任 PK 怀疑

俗话说："用人不疑，疑人不用。"但是事实上往往都是管理者和员工之间互相怀疑。这句话的本意是说信任的程度和时间问题，是方法论层面的东西，但如果把它当作操作指南就问题大了。没有约束的信任，其结果必然是不信任。现在没有体现的原因是还没到利益冲突的时候，或者说利益冲突还不够大。没有人能做到对别人一点都不怀疑，管理者要做到的是给予员工足够的信任，这样才能使员工也信任管理者，从而一起为共同利益而奋斗。同时，对员工的信任也可以体现出管理者的领袖魅力。

管理者如果对员工心存怀疑，那么工作是很难进行下去的。因为人与人之间，互相信任是建立合作关系的基础，没有信任，何谈合作？所以，怀疑只能使管理者和员工之间产生裂痕，而且，随着互相怀疑的逐渐加深，甚至会出现争吵或者冲突。所以，管理者应该主动努力和员工进行沟通，以建立信任，这样才能互相合作，完成各项工作。若是管理者和员工之间只有怀疑，那么别说工作效率了，连能不能继续工作都成了问题。

美国《管理学会评论》告诉我们：信任是一种心理状态。在这种心理状态下，第一，信任者愿意处于一种脆弱地位，这种地位有可能导致被信任者伤害自己；第二，信任者对被信任者抱有正面期待，认为被信任者不会伤害自己。这里说的脆弱是指一种温和的心理状态，而不是指性格软弱。信任往往是相互的，只有一方先去建立，另一方才会渐渐建立起信任。所以，管理者应该自己先主动去信任员工，才能在彼此之间产生信任。

德国管理学者莱恩哈德·斯普伦格说："信任是放弃对他人的监督，因为能预料到他人具有相关的处事能力、高尚的品德和良好的意图。"管理者要和员工之间产生信任，就必须尽量少监督员工的工作进程。事实上，管理者也不可能对每个员工进行监督。除了通过对员工的了解，管理者怎么能预料到他们在做什么，工作进行到何种程度，工作中是否努力，等等。除了信任，没有其他的办法。

信任的大敌是极端的完美主义者，除了他们自己，他们不相信别人有完成任务的能力，他们事必躬亲，对别人做的事总能找出错误、找到缺陷。其实，辩证地看——对于民营企业而言，规模不大时，任人唯亲甚至还可以起到稳定组织、高昂士气的作用。但是，在企业做到相当规模时，很多牵涉组织运营方面的事情，需要专业人士去处理。如果仍然任人唯亲，一些重要的岗位，尤其是关乎企业存亡大计的特殊岗位，被非常不适合该岗位的人员占据，势必会对企业造成不可弥补的损害。因此，管理者应该放松自己的心态，让自己相信属下的员工能够值得信任。

王安是中国人的骄傲，他孤身到美国发展，在那里，他通过不断地奋斗成立了王安公司，公司生产的电脑成为了当时美国最流行的电脑。王安也被称为"电脑之王"，1986年甚至成为了全美的第五大富豪。但是，从20世纪80年代中后期开始，王安的公司屡遭重创，最后导致了公司的破产。很多人认为，王安公司的失败就是由于缺乏信任。王安本人对家族外的美国高层主管不放心，也不信任。因此，当外部竞争环境发生变化时，他便把公司大权交给自己的儿子，而本应继承权力的美国经理却遭到了冷落，结果导致许多有才华的经理人在关键时刻离职而去，使公司业绩一败涂地，到了不可收拾的地步。

试想，如果当时王安能够给予那个美国主管足够的信任，还可能会沦落到破产的境地吗？怀疑使王安自己吞下了苦果，一生的精力毁于一旦。管理者在管理中也一定要注意这一点，只有给下属足够的信任，员工们才能回报给管理者足够的信任，最终实现企业共同的发展目标。

所有人都知道犹太人是世界上最好的商人，他们成功的秘诀之一就是良好的商业信誉。他们内部有着非常严格的信用惩罚制度。一旦他们认定一个人在生意中有着欺诈行为，所有的犹太人都不愿再和他做生意。在企业中其实也会出现这种状况，所以，管理者要和所有的员工都维持一种很好的信任关系。因为一旦管理者和某一个员工的信任破裂了，那么和其他员工的信任也会受到影响。

信任，是管理者和员工之间维系关系的纽带。所以，管理者要通过自己的统筹计划，在自己和员工之间建立信任，员工才会愿意去全力以赴地工作。当有危险来临的时候，动物们会"大难临头各自飞"，但是人一般不会，因为信任可以让人和人之间能够有共同面对困难的魄力和勇气。

管理者建立信任的办法有很多种，最直接的办法就是能很好地履行自己的承诺。管理者可以适当地对下属员工许下诺言。比如，管理者可以对员工说："等工作按时完成了就让你们去某某地方旅游。"然后就履行承诺。无论是谁，都会很容易对一个遵守诺言的人产生信任。除此之外，管理者还可以用加强沟通等方式去建立信任。

怀疑和不信任是公司真正的成本之源，它们不是生产成本，却会影响生产成本；它们不是科研成本，却会阻碍科研的进步；它们不是营销成本，却会使市场开拓成本大大增加；它们不是管理成本，却会因内讧而使管理成本加大。当我们把信任运用到人力资源管理中，就要求领导对下属要投入更多的信任和期望，才能使下属发挥出最大的主观能动性，创造出最佳的工作业绩。

承担 PK 推诿

作为一个管理者，在工作遇到问题的时候，当然应该主动地承担责任，而不是一味地推诿责任。推诿责任的管理者肯定不会受到员工们的信任，他的各项工作安排也很难在员工中落到实处。作为一个管理者，承担责任是先决条件，没有责任心的管理者，又怎么能够管理其他的员工呢？

一名管理者是一个团队或者一个组织的集中体现。管理者首先是个领导者，在具体工作当中，一个下属遇到自己解决不了的问题时，就会请求领导给予思路、给予方法，如果一名下属在工作当中出现纰漏，那么首先也是管理者的问题。当这些问题发生时，才是真正考验管理者的时候，这要看管理者能不能敢于承担责任，能不能够承担责任。因为一旦工作出现纰漏，小的纰漏员工可以承担，那如果是大的纰漏呢？谁来承担？当然是由管理者承担了。如果管理者大小问题都不愿意承担，那么又怎能使员工信服呢？

当几名员工或者是多名员工在工作当中出现纰漏的时候，这就是考验管理者能力的时候。好的管理者既可以承担所有责任，也可以及时化解风险或者把风险造成的损失降到最低，又可以协调好各个部门或者各个员工，快速地使他们从悲观的情绪中走出来。

之所以现在很多管理者不勇于承担责任，是因为组织规模越来越大，服务客户的过程越来越复杂，承担责任和获取利益间的关联变得没那么直接，时间间隔也被拉长，于是在没有迅速看到利益前，在调用资源不顺利时，人们会下意识地降低自己的责任感，也就是说没有承担起应有的责任。

这实在是一种短视的行为，本来责、权、利就是平衡的，现在100%的尽责是为了带来能力和影响力的提升，从而带来100%的权力和利益；但管理者若只承担一半的责任，结果恰恰是只会带来一半的权和利，如果再有些困难和流程的阻碍，那就更少了。如果管理者再降低责任感，就进入了死循环，总有一天管理者会几乎放弃了所有的责任，权和利也就都没了。所以，管理者应该学会承担责任，因为承担多少责任，就有多少权和利，责任和权、利一直都是相对应的。

其实，勇于承担责任不仅是一个领导者应有的素质，也是一种难得的品德。其实，许多大公司的领导都具备这样的优良品德。许多开明的领导都坚持认为，上司勇于承担责任是勇敢、诚实的表现，不但能融洽人际关系、创造平和氛围，而且能提高上司的威望、增进下属的信任。

当戴尔公司的首席执行官迈克尔·戴尔和公司总裁凯文·罗林斯于2001年秋天举行私人会晤的时候，他们都相信公司已经从全球计算机销量下滑的逆境中苏醒过来。然而，他们的个人表现却又另当别论。通过对公司内部员工的采访发现，公司下属普遍认为38岁的戴尔待人接物过于冷淡，在感情上太过疏远；而50岁的罗林斯则独断专行，处处与人作对。在其他公司，也许高管会对此视而不见，可是戴尔的这两个高管却记在了心里。他们认为只有改变自己才能获得员工的认同，为了公司，他们有责任做出改变。于是，他们找来许多高管来开会，并在会上认真地总结自己的不足之处，并承诺做出改变。很快，戴尔和罗林斯负责的形象就深入人心了。

戴尔和罗林斯负责任的态度，为二人赢得了全公司的信任。这个小小的细节两位主管都能注意到，说明了两位高管对企业、对员工负责的程度。就是这种对事情负责的态度，让企业的员工感受到了他们的诚意。以后，他们肯定愿意听从两位主管的安排，从而使戴尔能更加持续、更加健康地发展下去。

　　如果管理者不敢于承担责任，而是把责任推给了员工，则会造成公司更大的损失，也会造成自己的损失，更会造成团队的损失。所以在现实生活当中，会有公司的管理者非常勤奋，非常受累，决策也对，思路也对，但是公司的发展却依然出现问题的情况发生。主要的原因就在于管理者的直接下属工作没有做好。尤其是不敢于承担责任，不能够承担责任，把责任推给了其他员工，造成了公司的重大损失。要避免这种错误，管理者就要大胆地主动承担责任，这样才能获得员工的尊重，获得员工的信任，从而更好地开展各项工作。

　　俗话说："能力越大，责任就越大。"管理者比普通员工的职位高，当然要比普通员工承担更多的责任。同时，也只有懂得负责任的管理者，才能获得员工们的理解和支持。所以，管理者在工作出现问题的时候，应该要主动承担责任。

　　管理者在工作中要做到负责任，首先要制订详细的工作计划，对未来的收益和风险做出评估后，再根据员工的实际工作能力做出计划，保证工作进度正常进行；其次是培养团队精神，在团队中培养一个互相合作的氛围，让员工能在一个非常友好的环境中工作；再次，管理者要注意指导部署员工们工作，使员工们能够顺利完成工作，在员工出现错误的时候勇于承担责任；最后，管理者要注意建立合适的赏罚机制和检查评估机制，通过对员工一个阶段工作成果的绩效考核，进行一些奖励和处罚。

　　通过这些做法，管理者一定能够成为一个负责任的管理者，管理者的领袖魅力也得以在负责任这一方面得以体现，员工们会更愿意在这样的管理者手下工作，企业也会在管理者优秀的管理素质下发展得更加迅速。

激 励 PK 压 力

每一个管理者都希望自己的员工能够全力以赴地工作，为企业创造更多的效益。而如何使员工为自己的工作付出最大的努力，不同的管理者会使用不同的方法。有的管理者是通过对员工们施加压力，使员工们为了缓解压力不得不使尽浑身解数去工作。而有的管理者则是使用激励的方式去把员工的潜力激发出来，从而使员工们能够全心全意地为企业工作。

用施压的方法去促使员工们工作，往往是事倍功半的。因为每个人都有一定的抗压限度，一个人如果承受着过大的压力，很可能就会非常消极。而消极的情绪一方面会使员工本身失去工作积极性；另一方面，会引起一种懈怠的工作风气，在整个团队中蔓延。这是一种很危险的情况，因为如果整个团队都是很消极的工作态度，企业根本就谈不上任何发展。所以，管理者不应该一味地给员工压力，而是应该适当地给予员工激励，这样才能让员工在一个积极的工作态度和工作环境中工作。

说到激励，很多管理者会认为就是金钱的激励，金钱固然重要，但是作为管理者，还必须掌握其他激励方法，尤其是把工作本身变成激励的手段，则更能体现出管理者的领导能力和企业管理水平。日本著名企业家稻山嘉宽说过"工作的报酬就是工作本身"，这句话深刻地道出了工作丰富化这种内在激励的无比重要性。当前企业员工在解决了温饱的问题以后，他们更加关注的是工作本身是否有吸引力，工作内容是否有挑战性，工作是否能显示成就，工作是否能发挥个人潜力，工作是否能实现自我价值。因此，注重工作本身所具备的激励作用，并能卓有成效地在工作中运用，是尤为重要的。管理者在实际工作中激励员工，就需要从以下五个方面入手。

1. 公平的奖励机制

员工们总是在不断地比较，他们和同事比较，和朋友比较，和同龄人比较。如果他们在与别的员工比较的时候发现自己的待遇并不如别的员工，就会觉得很不公平。因此，员工们渴望得到管理者和企业对自己的经验、能力、努力程度等给予一个公正的、客观的评价。所以，只有公平的奖励机制才能激发员工的工作热情。

这就需要管理者能公平地看待每一名员工，制定一个公平的规章制度，把应该奖赏的条款罗列出来，这样，无论是哪个员工，都能看到自己能获得奖赏的部分，自然会更加努力地工作。这种方式也更加透明，员工们也能感受到管理者的诚意和对公平奖赏的努力，自然能够对管理者更加信服。

2. 针对不同员工给予不同奖励

每个员工的性格、阅历、知识结构和意识形态等各不相同，这就需要管理者针对员工的特点给予不同的奖励。但是，由于每个员工的需求各不相同，对某个人有效的奖励措施可能对其他人就没有效果。管理者应当针对员工的差异对他们进行个别化的奖励。比如，有的员工可能希望得到更高的酬劳，而另一些员工也许并不在乎工资，而希望有自由的休假时间。又比如，对一些工资高的员工，增加工资的吸引力可能就不如授予他一些公司的荣誉的吸引力大，因为这样可以使他觉得自己享有地位和受到尊重。

3. 为员工设定具体而恰当的目标

有证据表明，为员工设定一个明确的工作目标，通常会使员工创造出更高的绩效。目标会使员工产生压力，从而激励他们更加努力地工作。在员工取得阶段成果的时候，管理者还应该把成果反馈给员工。反馈可以使员工知道自己是否足够努力，是否需要更加努力，从而有益于他们在完成阶段性目标之后进一步提高他们的目标。

同时，提出的目标不仅要明确，而且目标要具有挑战性，又必须使员工认为是可以达到的。实践表明，无论目标在客观上是否可以达到，只要员工主观认为目标不可能达到，他们努力的程度就会降低。目标设定应当像树上的苹果，站在地上摘不到，但只要跳起来就能摘到。

4. 对完成既定目标的员工给予奖励

管理者也应该在员工完成某个目标时给予奖励，这样他在今后就会更加努力地重复这种行为。这种做法叫作行为强化。比如，一个员工经常把工作拖沓两天完成，而有一次他只拖沓了一天，管理者就应该对他进行赞赏，以强化他的进步行为。

此外，管理者还应该增加奖励的透明度，比如将员工每个月的薪酬、奖金、某个出色的员工获得何种嘉奖等行为进行公开，使这种行为在员工中产生激励作用。

5. 对员工无意的错误表示原谅和鼓励

员工在工作中，难免会犯一些错误。在对员工无意中犯的错误尽力补救的同时，也要注意对员工的情绪进行安慰，并激励他继续努力为企业工作。

IBM 公司有一位高级负责人，由于在创新工作中出现了严重失误而造成了公司 1000 万美元的巨额损失。为此，他心里非常紧张，许多人也向公司董事长提出应该将他革职开除。但是董事长却认为一时的失败是创新的"副产品"。如果继续聘用他，他的进取心和忠诚度肯定会超过从未受过挫折的常人，因为挫折对员工来说也许是很好的激励剂。

次日，董事长把那位高级负责人叫到了办公室，通知他调任到同等重要的新职位上。这位负责人很惊讶："为什么没有开除我或者把我降职？"

"若是那样做，岂不是白白在你身上花了 1000 万美元的学费？"董事长说。

后来，这位高级负责人以惊人的毅力和智慧为公司做出了卓越的贡献。

IBM 公司的董事长通过对员工错误的大度原谅和对他的激励，最终使 IBM 获得了更大的利益。激励，总是会比施加压力更加有效。

激励员工的方式有很多，管理者通过物质激励、工作激励和精神激励等多种激励方式，一定能增加员工的工作积极性和自己的领袖魅力，更能为企业提供前进所需的源源不断的动力。所以，管理者应该学会如何激励员工，使员工能全力以赴地工作。

作　者：周子人　　　定　价：35.00 元

出版社：中国财富出版社

《管理者自我修炼》内容简介

　　管理才能不是天生的，需要不断地在工作中磨炼。优秀的管理者应该可以驾驭任何员工，因此，管理者应该从自身出发，找出自己的不足之处，不断修炼自己，提升自己的领导力。本书为管理者解读管理工作的真谛，助力管理者自我修炼。

作　者：杨平　　　定　价：35.00 元

出版社：中国财富出版社

《领导角色与艺术》内容简介

　　本书针对现实中领导者的角色"错位现象"，分析了领导者为什么要进行角色管理、如何成功实现领导角色的转变，以及如何成为一名成功的领导者等问题，并总结了领导者的七大角色，为领导者进行角色管理提供参考。通过阅读本书，相信广大领导者可以更好地认识自己，知道身为领导者应该做什么、怎么做，从而更好地扮演自己的领导角色。

作　者：吴群学　　　定　价：35.00 元

出版社：中国财富出版社

《管理就这几招》（第二版）内容简介

　　本书第一版在持续两年的热销之后，作者吸取了很多专家的建议和企业一线的管理经验，隆重推出了第二版。全书在第一版角色管理、目标管理、团队管理和自我管理的主体框架不变的基础上，对部分管理经验和方法进行了补充和完善，使之更贴近企业实际，更顺应时代赋予管理的各项职能，简单实用。

*注：中国物资出版社已于 2012 年 4 月 1 日起正式使用新社名"中国财富出版社"。

企业成长力书架
QIYE CHENGZHANGLI SHUJIA
助力企业成长

中国财富出版社
北京联大文化 　联合出品

作　者：吴东　　定　价：32.00 元

出版社：中国财富出版社

《九型人格与卓越销售力》内容简介

　　本书依据"九型人格"理论，将销售人员遇到的顾客分为九种不同的类型，通过探讨每种类型顾客各自的优势和弱势，分析他们在购买商品与谈判中的"心理弱点"。最终，教会销售人员如何牢牢抓住顾客的心理弱点、掌握他们的思维方式、学会与他们的对话技巧，以此提高销售技能，卖出更多的产品。

作　者：高乃龙　　定　价：32.00 元

出版社：中国财富出版社

《夹缝中的利润：小微企业的生存赢利之道》内容简介

　　和世界 500 强相比，中国企业是小微企业；和中国 500 强相比，中小企业是小微企业。我国的小微企业是解决就业问题的主要力量，但小微企业的发展却面临困难。本书是帮助小微企业突破自身困境的第一本实战书籍，书中结合企业案例现身说法，通过独到的分析、有效的定位和精准的策略，最终帮助小微企业实现可持续发展。

作　者：高子馨　　定　价：32.00 元

出版社：中国财富出版社

《形象决定身价：职场人全方位获得成功的 6 个魔法》内容简介

　　你一定羡慕过那些商界、政界精英们翩翩的风度；你一定渴望着在别人面前表现得潇洒自如。个人形象是个人竞争的软实力，纵然你有很高的学历，纵然你经验丰富，如果没有良好的个人形象，你也很难取得成功。本书从什么是个人形象出发，通过生动形象的事例论述，专业权威的建议提示，帮助你一步步提升个人形象和气质。相信你能够在书中找到你尚未成功的原因，也能够找到通向成功的捷径。

QIYE CHENGZHANGLI SHUJIA
企业成长力书架
助力企业成长

中国财富出版社
北京联大文化
联合出品

作 者：付述信　　定 价：32.00 元
出版社：中国财富出版社

《职业化团队五项管理》内容简介

　　本书从五个方面阐述了打造职业化团队的管理方法：目标管理、团队精神管理、执行力管理、责任管理、结果管理，以此对团队运营和团队成员的能力提出要求。全书的内容是以经典的案例开篇，使每一个读者可以从故事中领略到管理的奥妙，经过对案例的分析，给出最恰当的管理方法。用最浅显易懂的语言概括出了管理团队的精髓，旨在让每一个读者明白，打造职业化团队并不是深不可测的。

作 者：刘逸舟
定 价：35.00 元
出版社：中国财富出版社

《说服的力量》内容简介

　　是否具备说服的能力决定了你生活的顺利程度、决定了你事业上的发展、决定了你是否是个具备影响力的人，甚至决定了你能否掌控自己的人生。掌握了说服力的人，能够使他人遵从自己的意愿，能够使他人自愿地帮助自己，能够把陌生人变成好友，把冲突化解为无形，使家庭中的关系更加和谐。

　　本书全面揭晓说服中的奥秘，通过专业的分析与归纳，帮助你建立自己强大的说服力和影响力，使你避免在人群中人云亦云、随波逐流！

作 者：刘星
定 价：32.00 元
出版社：中国财富出版社

《职场 360 度沟通：职场人交流得力的完全沟通术》内容简介

　　人脉是成功的关键。那么，这人脉从哪里来呢？需要你去开发、去构建，方法就是发挥自己的心思，抓住遇到的每一个人，去好好地沟通、交往。良好的人际交往能力是形成雄厚人脉资源的不可缺少的要素。本书即讲述了各种最适合职场达人或菜鸟们学习、运用的沟通技巧，掌握这些沟通技巧，即会成为打遍职场无敌手的精英高手。从现在开始，努力修养自己的沟通能力，成为战无不胜、可以搞定任何人的职场达人吧。

作 者：蒋巍巍
定 价：32.00 元
出版社：中国财富出版社

《冲突管理：化冲突为转机的 9 个步骤》内容简介

　　现代商业社会竞争日益激烈，企业稳定的重要性不言而喻。不管什么样的企业，都应当及时处理冲突，不让冲突激化，才能有更多的精力提升核心竞争力，从商业大潮中脱颖而出，走上成功的巅峰。在这本书里，我们将为管理者带来全新的思路和手段，从冲突的源头，到冲突的结果，一一为管理者详细解读，彻底解决"冲突到底要怎么管"这一职场难题。

QIYE CHENGZHANGLI SHUJIA
企业成长力书架

助力企业成长

**中国财富出版社
北京联大文化**　联合出品

作　者：张友源　　定　价：29.80元
出版社：中国财富出版社

《左脑情绪管理　右脑压力管理》内容简介

　　大脑是人体的中枢，人生所追求的工作幸福、生活幸福，其实都隐藏在人类的大脑中。本书的独到之处在于提出了人类大脑的功能分区问题，主张每一个人都应该科学地使用好自己的左右脑，以使自己生活得幸福，在工作中享受到幸福感。作者认为，人类的左脑控制着情绪，而右脑则控制着对压力的感受，当左右脑彼此结合起来使用或交替使用时，就可感受到幸福，由此而揭示了幸福的神秘密码。

作　者：杨长征
定　价：35.00元
出版社：中国财富出版社

**《领导三斧半：
100%实现目标的领
导智慧》内容简介**

　　什么样的领导才能带领团队走向成功？如何做才能称得上是"优秀领导"？本书从古代名将——程咬金的"三板斧"入手，通过形象的语言、生动的案例及清晰的分析，将领导者的工作智慧总结为"领导三斧半"：瞄、抢、砍、变。灵活运用"领导三斧半"，打造名副其实的"优秀领导者"！

作　者：郝枝林　刘飞
定　价：39.80元
出版社：中国财富出版社

**《渠道为王：找
对渠道做销售》内容
简介**

　　渠道就是市场，占领渠道就是占领市场。本书从IBM、DELL等品牌的实际案例入手，揭示了渠道在市场营销过程中的重要意义。通过渠道理论与实践充分结合，指导实际的销售活动，是一本全面解读渠道战略的实战宝典。

作　者：陈星全
定　价：32.00元
出版社：中国财富出版社

《谈判攻略：销售这样谈最有效》内容简介

　　本书是一本结合销售实践和谈判技巧的实用工具书，对销售谈判人员在谈判过程中的不同阶段、消费者的不同心理，以及谈判者应该怎么去面对客户等方面都作了详细的介绍，内容通俗易懂，栏目设置精彩纷呈，可以帮助销售人员从根本上理解销售的本质，提升自我销售境界，对销售谈判人员的工作具有指导作用。

QIYE CHENGZHANGLI SHUJIA
企业成长力书架
助力企业成长

中国财富出版社
北京联大文化   联合出品

作 者：潘永德　　　定 价：26.00 元
出版社：中国财富出版社

《藏在口中的财富》内容简介

好的口才有着不可估量的价值，是每个人都需要的生存技能，从工作中的求职升迁，到生活中的恋爱婚姻，从人际交往中的说话办事，到事业中的营销谈判，事事离不开口才。

好的口才能使你受益一生，本书正是一本实用口才技巧训练手册，从改善说话声音、表情动作、表达策略等方面重新训练你的口才能力，同时针对生活中与你关系最密切的说话场合，教授你最实用的口才技巧，让你突破语言的障碍，轻松应对各种语言场合！

作 者：龚光鹤
定 价：35.00 元
出版社：中国物资出版社

《领导应该这样当》内容简介

领导是一种经验，领导是一种智慧。本书凝结作者投资大脑近百万的学习精华，巧妙地结合了现代企业快速发展的案例，综合分析了团队建设、投资技巧、建立人脉等领导技能的最新进展，分享了成为优秀领导者的秘诀。通过理论与实践充分结合，将本书打造成提高领导力的终极法则。

作 者：匡晔
定 价：32.00 元
出版社：中国物资出版社

《这样销售最高效》内容简介

销售工作可谓"成也在人，败也在人"，而这个"人"就是销售人员。销售人员是市场销售战略的"先知者"，不仅带领着企业拨开销售的层层迷雾，更为重要的是能够发现销售的真谛。本书把销售实战和理论联系起来，使销售人员能够在赢得客户的过程中充分理解销售理论，从而积累深厚的理论素养，指导实际的销售工作。

作 者：朱广力
定 价：32.00 元
出版社：中国物资出版社

《金牌销售不可不知的 9 大沟通术》内容简介

你是否为自己满腔热情的介绍，客户却无动于衷而烦恼？你是否为自己坚持不懈的努力，产品却无人问津而神伤？你是否为自己勤勤恳恳地工作，业绩却无法攀升而无措？金牌销售的成功战术究竟为何？本书通过分析 9 大沟通战术，结合具体的案例，揭示了成为一名金牌销售的秘密所在。

企业成长力书架 QIYE CHENGZHANGLI SHUJIA

助力企业成长

中国财富出版社
北京联大文化

联合出品

作者： 王一恒　　　　**定价：** 29.80 元

出版社： 中国物资出版社

《这样沟通最有效》内容简介

在与人沟通时，需多留心一下沟通技巧。对于管理者来说，掌握全方位沟通技巧就成了必修课。

本书通过轻松幽默的语言、丰富的故事，将沟通能力细化为 13 个方面，提供了一整套即学即用的管理沟通技巧。全书包括表达、倾听、反馈、批评、赞扬、说服、处理冲突、不同场合、不同对象、不同渠道等沟通技巧，教你如何选择恰当的沟通渠道和沟通方法，怎样依据沟通对象的性格类型选择沟通策略。

本书提供的全方位沟通技巧，既能让你与不同性格的下属进行有效沟通，又能确保你沟通的高效。

作者： 管永胜

定价： 42.00 元

出版社： 中国物资出版社

《网络营销的 6 个关键策略》内容简介

本书作者曾任紫博蓝大客户总监，慧聪网产品总监，网罗天下广告媒介总监，《宠物世界》杂志社运营总监。

众所周知，网络已经渗透到我们工作、生活的方方面面，所以无论你作为一个企业主或从事营销相关的工作者，如果不懂得网络营销，我可以很肯定地告诉你：你失去的将是一个时代！基于此，管永胜通过十多年从事网络营销的经验和潜心研究，提出了从"网络营销"到"网络赢销"的新模式——AISCAS 模式！这一模式的提出将为你实现"网络赢销"提供新的启示。

作者： 吴永生

定价： 26.00 元

出版社： 中国物资出版社

《这样授权最有效》内容简介

只有授权，才能让权力随着责任者；只有权、责对应，才能保证责任者有效地实现目标。授权不仅能调动下属积极性，也是提高下属能力的途径。

管理者一定要明白：自己的双眼永远要比双手做的事多。

本书立足于中国人思维模式，汲取西方之精华，注重实操性，让管理者即学即用。

作者： 李金玉

定价： 36.00 元

出版社： 中国物资出版社

《激活你的团队》内容简介

员工激励是企业的永恒话题，更是企业长盛不衰的法宝。激励的技巧像一团云雾，很难掌握。同一个人，以同样的语速，对不同的人说同样的话，产生的影响可能是不同的。本书中，我们从 14 个方面对激励的技巧进行了全面的剖析，并且针对不同的人和企业设计了个性化的激励方案，希望能通过这些激励的技巧给企业的管理者一些启示。

作 者: 周锡冰　　　定 价: 18.00 元
出版社: 中国物资出版社

《新员工要懂得的处世心理学》内容简介

新员工大多是在狂涛骇浪里的职场小人物，想要在如今环境糟糕、恶劣的职场上平步青云、如鱼得水，就必须懂得职场的潜规则。本书以大量案例生动地介绍了新员工必须研修的25堂职场课程。然而，本书的目的不是描写25个职场潜规则，而是为新员工开辟一个顺利的职场人生。

作 者: 李华
定 价: 35.00 元
出版社: 中国物资出版社

《三分管理　七分领导》内容简介

企业的高度不是来源于管理，也不是来源于高效的执行力，而是来源于领导。卓越的领导，决定着企业无限的发展潜力。

21世纪的领导力不仅仅是领导的方法和技能，也不仅仅适用于领导者，它是我们每个人都应该具备或实践的一种优雅而精妙的艺术。如果你想摆脱刻板的管理者形象，成为一个形象鲜活、拥有更多追随者的魅力领导，请你将本书作为你的智囊宝典。

作 者: 李华
定 价: 32.00 元
出版社: 中国物资出版社

《三分策略　七分执行》内容简介

市场上琳琅满目的执行力图书常销不衰，再一次印证了执行力的课题引起了企业主和从业人员的高度关注，甚至可以说，一个企业是否高效，取决于企业团队执行力的强弱。

如果你是一个企业的中层管理者，而且想提高执行力这一决定职场成败最核心的技能，同时，在不断追求卓越，有加薪升职的愿景，那么，请你阅读本书的观点并实践相应的技能。

作 者: 李华
定 价: 29.80 元
出版社: 中国物资出版社

《三分管人　七分选人》内容简介

从某种意义上来说，企业的竞争就是人才的竞争。作为企业"伯乐"的人力资源经理，如何为企业招聘到像"千里马"般优秀的员工，为企业不断发展适时提供有效的人力资源，已经成为衡量一个人力资源经理是否优秀的核心标准。

本书是专为人力资源经理量身打造的图书，通过学习本书介绍的经验和技巧，你会熟悉并掌握所有管人、选人的全部流程和方法。

QIYE CHENGZHANGLI SHUJIA

企业成长力书架

助力企业成长

中国财富出版社
北京联大文化 联合出品

作 者：马斐　　定 价：32.00 元

出版社：中国物资出版社

《拿下大客户》内容简介

　　企业的大多数利润是靠 20% 的大客户来赚取的。一个企业要发展，就需要有相当的利润作支持，而大客户是企业的利润源泉，生存和发展的助推器。如何获得大客户的签单？如何有效应对大客户的各种要求与质疑？请你不要着急，因为你手里的这本书已经为你考虑到了，并提出了相应的解决方案供你参考。

作 者：覃曦

定 价：32.00 元

出版社：中国物资出版社

《服务制胜》内容简介

　　服务是一个长期工程，不能掉以轻心，也不能因循守旧，我们必须时时刻刻为客户着想，发自内心地为客户服务，真诚地为客户解决问题，注意细节，勇于创新，给客户提供最周到的服务。

　　本书分节介绍了各种服务法则，详细地帮助你解决服务过程的种种困扰，让你学会怎样达到客户的要求。

作 者：向成学

定 价：32.00 元

出版社：中国物资出版社

《成交从异议开始》内容简介

　　本书专门针对客户常提出的各式各样的异议提供有效处理的策略与方法。书中列举了大量的销售案例，并大多以情景模式展开，目的便是更好地通过情景模拟来诠释异议处理的策略精髓。如果你还在为客户所提出的各式各样，甚至是千奇百怪的异议、意见、问题而感到头疼，或者说备受困扰，迫切地想要找到解决方法，那么，本书将为你结束困扰。

作 者：曾展乐

定 价：32.00 元

出版社：中国物资出版社

《成交赢在心态》内容简介

　　心态是一个人一切言行的控制按钮，这个按钮决定着你生活中的一切。你的心有多高，你就能飞多高。只要拥有自己坚定的信念，不管在什么时候也不会被挫折打倒，你不再是一个弱者，而是一个能够改变自己生活的强者。

　　让你一步步改变自己的生活，让你成为销售中的强者，看本书怎样为你解答，相信你的选择，一定不会让你失望的。

企业成长力书架
QIYE CHENGZHANGLI SHUJIA
助力企业成长

中国财富出版社
北京联大文化
联合出品

作 者: 张野　　定 价: 32.00 元

出版社: 中国物资出版社

《成交无限》内容简介

销售员在与客户沟通的过程中，80% 的客户或多或少会感到一些反感，这些反感有时会以某种形式表现出来，有时也会隐藏在客户的心里，成为与客户沟通过程中的最大屏障。那么，是什么原因引起的这种情况呢？面对这种情况该怎么处理呢？相信这本书的 55 个技巧对于需要与客户沟通的人将会非常有用，它对于我们与客户将是一个全新的桥梁。

作 者: 姜登波　李华

定 价: 32.00 元

出版社: 中国物资出版社

《赢在管理》内容简介

本书通过对企业管理深入地剖析、分解，找出企业管理误区，并针对企业管理容易疏漏的地方进行填补，是每个企业管理人员手中的指南针，能够帮助迷途创业的人员找到扎营的地点。书内所阐述的问题新锐、真实，解决方法快速、简便，是现代企业领导者所不能缺少的良师益友，能够教导企业领导者如何做"泥菩萨过河，有招可取"的智人。

作 者: 文征

定 价: 28.00 元

出版社: 中国物资出版社

《做世界上最优秀的员工》内容简介

世界 500 强企业集聚了世界上最优秀的人才。你想成为世界 500 强企业中的一员吗？你想知道世界 500 强企业最欢迎什么样的员工吗？你想知道为什么有的员工能够进入世界 500 强企业，甚至会经常受到众多世界 500 强企业的高薪聘请吗？那么，请看本书为您提供的这 7 种工作习惯，它将为您搭建登上世界 500 强这一豪华巨轮的台阶。

作 者: 邹金宏

定 价: 32.00 元

出版社: 中国物资出版社

《麦当劳成功的启示》内容简介

麦当劳是世界 500 强企业之一，有超过一百万的员工，已经在全球 121 个国家设有超过 31000 家快餐店。麦当劳是一个企业，也是一个王国，一个跨区域的王国。是什么原因让麦当劳如此庞大？如此成功？如此奇迹？它到底运用了什么方法？本书通过最真实的笔触，为你提供很多麦当劳成功的智慧和秘诀，使你从中获得有益的知识、借鉴和启发。

企业成长力书架
QIYE CHENGZHANGLI SHUJIA

助力企业成长

中国财富出版社
北京联大文化

联合出品

作　者：袁一峰　　定　价：32.00 元
出版社：中国物资出版社

《卓越从敬业开始》内容简介

爱一行才能干一行，专一行才能精一行。懂得敬业的人生是充实、美丽而快乐的，也唯有如此，才能真正脚踏实地、一步步走向卓越，成为一名卓有成效的员工。本书的出发点就在于让长期停滞不前的职场人士迅速找到桎梏自己职场步伐的原因；牢牢把握鞭策自己敬业而需掌握的心理；轻松学会被细化的、实践性极强的敬业"守则"，最终达到成就卓越的目的。

作　者：吴群学
定　价：32.00 元
出版社：中国物资出版社

《管理就这几招》内容简介

管理说难也难，说简单也简单。本书告诉你，只要掌握 4 招，就能将管理化繁为简，轻松搞定各种企业的各种管理难题。全书以"理论＋实践"的板块构造为你呈现了企业管理者这一特殊角色所应该具备的各种能力、工作方法和技巧。因此，这是一本现代管理领域的实用之作。

作　者：王占坡
定　价：32.00 元
出版社：中国物资出版社

《万金一线牵》内容简介

与客户打着电话开怀畅谈，没有紧张的开场白，没有局促的自我介绍，气氛和谐又温馨，订单随着电话的结束而落下了成功的定音……这就是电话销售。可能吗？请你不要怀疑这样的场景，因为它真实地发生在我们身边。怎么办到呢？秘诀就在你手中的这本书中。

作　者：马斐
定　价：32.00 元
出版社：中国物资出版社

《赢在谈判》内容简介

我们现在所生活的时代是一个随时随地都可能需要谈判的时代，特别是销售人员更是需要用日复一日的谈判来为自己赢得订单、提高业绩、提高收入、表现能力，令上级刮目相看，得到晋升的机会。本书就是力求让每一位"力拼业绩"、想要在工作中扶摇直上的有志之士可以成为谈判高手，为自己、为公司争取更多的利益。因此，本书是你谈判桌上一本智囊宝典。

QIYE CHENGZHANGLI SHUJIA
企业成长力书架
助力企业成长

中国财富出版社
北京联大文化
联合出品

Xue Guize
Rong Tuandui
学规则
融团队

作　者: 吴群学　　　定　价: 32.00 元
出版社: 中国物资出版社

《学规则　融团队》内容简介

当你进入一个团队，而自己又不能改变团队的规则，学习和适应规则就成为你进入团队的必修课。记住: 学习规则，融入团队，你才能快速地进入职场人的角色。

团队内部的一切问题都来源于规则问题。认识规则、把握规则、利用规则，最终同规则融为一体，才能在职场生存并不断前进。本书将告诉你后 80、90 后职场人快速成长的法则!

职场就是: 学规则、用规则、造规则! 团队就是: 先融入、再切入、后深入!

左右逢源
职场人际关系的9堂课

作　者: 蒋巍巍
定　价: 32.00 元
出版社: 中国物资出版社

《左右逢源: 职场人际关系的 9 堂课》内容简介

在职场上，你是否会担心孤立无援? 是否会羡慕那些在人际关系上有特别天赋的人? 是否希望为自己赢来良好的人际关系? 职场成功又该如何界定? 本书从职场里的一个个鲜活案例入手，生动地展示了职场中的沟通技巧，让你学会在职场中左右逢源，用人际打开晋升之门。

向大客户
要业绩
用20/80法则搞定大客户的时代已经到来

作　者: 于飞
定　价: 35.00 元
出版社: 中国物资出版社

《向大客户要业绩》内容简介

抓住大客户，就抓住了大订单，抓住了高业绩，抓住了职场前景。所以，抓住大客户是每个销售人员的目标。然而要如何抓住大客户呢? 这就是本书的价值所在。应对大客户的方方面面都需要更巧妙的技巧和方法，本书从 20/80 法则入手，帮助销售人员降低在销售工作中的成本投入，并提高能效产出，让销售人员掌握搞定大客户的技巧，在最短的时间拿下最大的订单。

作　者: 马斐
定　价: 32.00 元
出版社: 中国物资出版社

《口碑载道: 无本万利的营销方式》内容简介

对于所有企业的市场营销人员或是管理者来说，关注品牌形象和品牌发展，不如先好好了解一下如何做好口碑，这里面的门道究竟几何。本书从各大品牌口碑营销的经典案例着手，透析各家口碑营销之道，从中总结经验和技巧，提示企业市场营销人员及管理者，口碑营销是一门科学，必须认真学习和把握。

作　者：王桂玲　李华　　定　价：16.00 元
出版社：中国物资出版社

《优秀员工的 8 项修炼》内容简介

今天的成就是昨天的积累，明天的成功则依赖于今天的努力。把工作和自己的职业生涯联系起来，对自己的未来负责，学会容忍工作中的单调和压力，认识到自己所从事工作的意义和价值，就会从工作中获得成就。

作　者：梁慧
定　价：26.00 元
出版社：中国物资出版社

《品牌营销 8 大实战攻略》内容简介

无论在世界哪个角落，这些品牌都是那么的成功。他们用看似和您相同的营销方法，轻而易举地赢得了整个世界的欢迎。

这些品牌为什么能取得成功呢？这是因为他们采用了成功的品牌营销策略，品牌的成功与成功的品牌营销是分不开的。品牌营销，一个让人寄予希望的名词。可以说，成功的品牌营销策略，就是企业赢得竞争的一柄利剑。在市场竞争日益激烈的今天，如何"活学活用"这些成功企业的"不传之密"，如何在市场竞争或营销中将此剑挥洒至极佳境界，是每一个企业所迫切希望学到的。

作　者：龚俊
定　价：20.00 元
出版社：中国物资出版社

《工作无小事》内容简介

小事是过程，大事是结果。大是由小演变而来的。如果一个人一屋都不能扫，谈何扫天下。在工作中，我们只能用 100% 的激情去做 1% 的事，才能成就大事，切记，1% 的失误带来的是 100% 的失败。

作　者：张伽豪
定　价：18.00 元
出版社：中国物资出版社

《你在为谁工作》内容简介

在工作中，不管做任何事，都应将心态回归到零：把自己放空，抱着学习的态度，将每一次任务都视为一个新的开始、一段新的体验、一扇通往成功的机会之门。千万不要视工作如鸡肋，食之无味、弃之可惜，结果做得心不甘情不愿，于公于私都没有裨益。

你还是在不快乐地工作着吗？

打开这本书，让它告诉你工作的意义是什么，帮你找到工作的动力，从而带领你感受工作的乐趣所在！